行動が結果を変える

ハック大学式

最強の仕事術

ハック大学 ぺそ

ソシム

はじめに

本書を手に取っていただきありがとうございます

ハック大学のぺそと申します。普段はYouTubeの「ハック大学」というチャンネルでビジネスマンの方々に向けた情報発信をしています。

と、こう聞くと、「単なるYouTuberがビジネスマンに何を語るんだ」と思われそうですが、私も現在進行形で「ビジネスマン」をしています。

副業が徐々に解禁されはじめている現代では「副業」のことを「複業」と呼ぶこともあるほど、本業⇔副業と分けるのは時代遅れ感があるのですが、わかりやすさを考慮しあえてその呼称を使うとしたら、このYouTubeチャンネルは副業として取り組んでいて、本業では外資系の金融機関で会社員として働いています。

「会社員を辞めて副業1本のほうが儲かるんじゃないのか？」という声もいただきますが、会社員を続けているからこそ、ビジネスマンの方々が直面する課題や困難が解像度高く見えているとも思っています。

あなたの周りに仕事のできる人材はいますか？

この質問に対して「いない」という人には環境を変えることをお勧めします。1人くらいは思いあたる人がいるはずです。では少し質問を変えます。

「あなたの周りに仕事ができない人材はいますか？」

この質問のほうが、もしかすると思い当たる人材は多いかもしれません。

この「仕事ができる」と「仕事ができない」を分ける要因は何なのでしょうか。仕事ができない人材のほうが多いのだとすれば、一件この二者には大きな隔たりがあるように見えます。

ただ、それは勘違いです。断定します。「楽に」とまではいわないですが、**少し考え方を変えるだけでこの「仕事ができる」という状態になることは可能**です。

本書はその道筋を、図解を用いながら理解しやすい形で書き記しています。普段の仕事に対する姿勢、考え方を少し見直し実行するだけで見える世界は大きく変わります。

私自身、事業会社⇒コンサルティングファーム⇒金融機関と、ジョブホッパー（短期間で転職を繰り返す人材）的なキャリアを歩んできましたが、複数業界でたくさんの人と働き、たくさんの課題にぶちあたってきたからこそ、普遍的な「仕事術」を見出せたと思っています。

本書はどこから読んでどこでやめても大丈夫

本書はアラカルト形式になっているので、どこから読みはじめても、またどこでやめても読み終わっても問題ありません。

ビジネス書によくある「こうあるべき」「これをすべき」という話の前に、「できる人の振る舞い」「できない人の振る舞い」を例示しているので、「書籍を買ったから最後まで読まないともったいない」という考えはいったん置いておいて、まずはパラパラとページをめくってみてください。

そして、自分ができない人の振る舞いをしてしまっている項目だけでも読んでみてください。どのように考え、どのように取り組めば「できる人」になれるのか、わかるはずです。

本書があなたのキャリアに良い影響を与えることを信じています。

ハック大学　ぺそ

Contents

今すぐ取り組める「マインドセット」
MINDSET

Contents

Chapter 2

広く深く「学び」続ける
LEARN

Chapter 3 「思考」は装飾品ではなく武器である THINK

Contents

Chapter 5 ビジネスでは「伝達」スキルが最重要
COMMUNICATE

Contents

Contents

本書を血肉化し、勝つ人材へ
WIN

Chapter

0

自分の「市場価値」を高める方法を知ろう

MARKET VALUE

MARKET VALUE

野菜やお肉のように「あなたにも値段」がつけられる

あなたは自分に値段をつけられるか？

「あなたの価格はいくらですか？」

こんなことを聞いたら、「え、人身売買!?」と取られかねない不気味な質問ですよね。でも、すべてのビジネスパーソンは常にこの質問と向きあう必要があります。もちろん、「臓器の値段がいくらだから、身体全体で○○○万円！」といった話ではなく、**労働マーケットにおいて「あなたがどれくらいほしがられているのか」**、ここが大切なテーマです。

スーパーに行くと、野菜や肉が値札を貼られて売られています。私たちに物理的に値札がつけられることはありませんが、あなたの口座に毎月振り込まれる給料や半年ごと、もしくは年度ごとに振り込まれるボーナスは、まさに野菜に貼られている値札のように「労働マーケットにおけるあなたの価値」を表すことになります。

つまり、**あなたが所属する会社は、あなたが生み出す労働力、付加価値に対してサブスクリプションサービスのように、あなたに報酬を支払っている**ということです。

会社は「あなた」というサブスクリプションサービスの契約者

あなたは今サブスクリプションサービスを契約していますか？

定額で音楽を聴いたり、映画を見たり、ウォーターサーバーなどを契約しているかもしれません。それらを契約するとき、「月額いくらでどういったサービスを受けられるのか」と考え、場合によっては似たサービスと比較をしながら、「まあ、このサービスでこれくらいなら契約しても良いかな」と判断しているはずです。

私たちの労働力にも、同じ話があてはまります。どういうことかというと、書類選考や面接を通して、「あなたの働きっぷりなら、年収いくらを支払っても良いですよ」という判断をした会社があなたと契約をしています。新卒採用と中途採用では判断基準が大きく異なってはくるものの、私もあなたも大枠ではこういった構造の中で働いています。

本書でお話しする「市場価値」を理解すれば、**「ただ選ばれるのを待つのみ」という不幸に陥ることはかぎりなくゼロに近くなります**が、私たちを取り巻く仕組みを理解するうえでは、このような「構造＝社会」であることを頭に入れておきましょう。

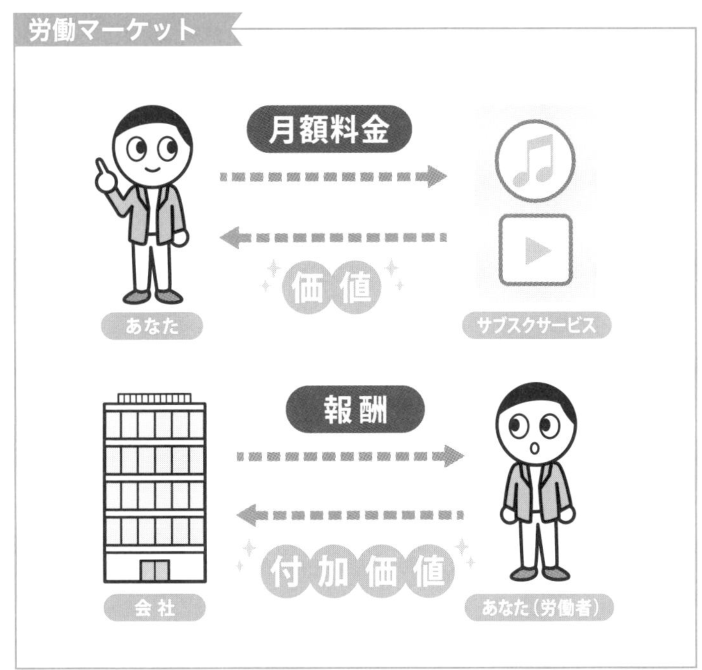

MARKET VALUE

市場価値は需要と供給のバランスで決められる

あなたと契約する理由がなくなれば、容赦なく会社は解約する

前節の前提に立ったとき、人によっては少し怖い話になります。

たとえば、今使っている音楽配信サービスよりもUIがよくて、楽曲が2倍近くあるサービスが出てきたら、あなたならどうしますか？　まず、価格が気になりますよね。「良いな」と思っても、今使っているサービスよりも価格が10倍したら、さすがに躊躇してしまいます。では価格が20%しか増額にならないとしたら、どうでしょうか？

今、支払っている月額料金が600円として、検討している新しいサービスが720円だとしたら、乗り換えても良いですよね。もちろんすべての人が乗り換えを検討するというわけではないでしょうが、UIを重視する人や楽曲を多く聞きたい人はたくさんいますから、乗り換えを検討するには十分値します。

怖い話でも何でもないと思った人は、この楽曲サービスを人材にあてはめてみてください。

月額料金をそのまま1万倍して年収とすると、年収600万円のあなたよりも優秀な人材が720万円で採用できるとなったら、資金繰りにひっ迫しているような企業でないかぎり、あなたをクビにして優秀な人材を採用する可能性は十分にあります。もっというと、この優秀な人材が面接で「年収は600万円で十分です」なんて言った日には、あなたが会社に残れる可能性は極めて低くなります。もちろん解雇規制などの法的規則の問題があるので、すぐにクビになるわけではありませんが、会社も営利を求める以上、このような判断をしても何もおかしくありません。

需給バランスから見た労働市場を攻略する方法は２つ

では、そんな残酷な労働マーケットで生き抜くにはどうすれば良いのでしょうか。先ほどもお話ししたとおり、あなたが会社から選ばれるためには次の２つの方法しかありません。

❶は、希望年収を下げてしまうことです。これは話が早そうですが、この選択をするということは、大好きな趣味を泣く泣くやめたり、毎日食べるご飯を少し質素にしたりするなど、あなたの生活にダイレクトに影響するような**ネガティブアップデートを行う**必要があります。

お勧めは❷です。ビジネスの現場においてあなたが生み出す付加価値の総量を大きくし、「**"ぜひウチで働いてもらいたい"と数多の企業から思われるような人材になる**」ことです。なぜ❷の方針をお勧めするのかというと、「趣味を捨てたくない」「質素な食事は嫌だ」という目先の嫌なことから逃げたいからではなく、**こちらの方策を採れば、この過酷なマーケットの中で生き残るのはもちろん、より多くの年収を稼げる可能性が広がる**からです。

MARKET VALUE

「仕事ができる」は案外簡単につくれる

「市場価値を上げる」のなんて別に高尚なことでも何でもない

「とはいっても、そんな簡単に市場価値なんか上げられるかよ」という声が聞こえてきそうです。でも、そういった人は「市場価値」や「仕事ができる」ということを漠然と捉えている可能性があります。

「市場で付加価値を上げる人材」、もっといえば**「職場で付加価値を上げる人材」**がどういった人材かを掘り下げ、言語化し、定着さえさせてしまえば、自動的に市場価値は上がります。

その**「掘り下げ」「言語化」「定着」**の難しさが、何をしたら良いのかわからない要因なわけですが、本書を手に取った人はラッキーです。というのは、この３つのステップのうち「掘り下げ」と「言語化」は、まさに今手に持っているこの本の中でやっています。

つまり**あなたがやるべきことは「定着」**です。「定着」の前に、本書に書いていることを「理解」し、そのうえであなたの職場で「実行」する必要はありますが、本書では理解と実行を可能なかぎり手助けできるよう、「なぜそうすべきなのか？」といった本質まで図解でお話ししています。

読み終えた翌日から実行できるよう、なるべくアクションプランを明確にしているので安心してください。

仕事の本質を理解することが「仕事ができる」へ最速で近づく秘訣

とはいっても「なんだ、読み終わったあとにやることは定着だけか」と思う人は、想像力が少し足りないのかもしれません。定着の前の理解は、学校教育で試験対策のために理解するよりももっと深く本質を知る必要がありますし、理解のあとの「実行」では、予期せぬトラブルや想定外の事象に見舞われる可能性もあります。**予測できることだけに対処できる状態は、「定着している」とはいえません**。

ぜひ本書をしわしわになるまで読み解いていただき、「定着」をものにしてください。そのころには、「市場価値が高い」「仕事ができる」ような人材に勝手になってしまっているということを私が保証します。

本書の構成を理解しておこう

「マインドセット」「学ぶ」「考える」「動く」「伝える」「管理する」の6つの章で構成

本書は、本章「市場価値」と最後のChapter7を除くと、「マインドセット」「学ぶ」「考える」「動く」「伝える」「管理する」の６つの章で構成されています。

各章は複数の節から成り立っており、あなたが職場で困ったときに**逆引き的に使ってほしいという思いから、基本的に項目ごとに完結する**形にしました。

たとえば、仮説思考について悩んだり迷ったりした場合は「仮説思考」のページを開いて読めば、「仮説思考とは何か」「仮説思考のメリット」「仮説思考の使い方」などをピンポイントで理解できるようになっています。

このような逆引き的な活用方法ももちろんしていただきたいのですが、時間に余裕があったり、自分のスキルの棚卸をしたいときなどは、ぜひ頭から読んでみてください。なぜなら、章が進むにつれて自分自身の中で完結する話（マインドセット、学ぶ、考える）から、自分と関わりのある他者へ影響する話（動く、伝える、管理する）と、そのスキルの影響力が大きくなっていくからです。

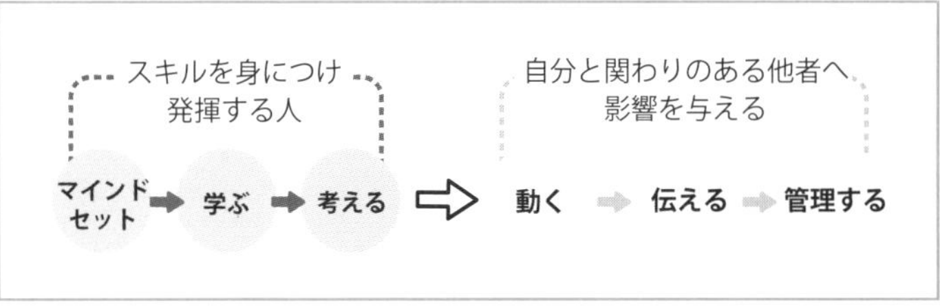

仮に、自分の「思考」が定まらないまま部下の管理方法を学んでも、腑に落ちない点をあなた自身が抱えてしまう可能性が高くなってしまいます。そこで、まずはマインドセットという土台を固め、その後、身近なところからスキルを高めていき、最後は周囲の広い範囲へ影響を与えられるようなスキルを身につけていくと、スムーズにスキルアップができます。

特に**「管理」のところでは、それまで順調にいっていた人ほど苦しむ**可能性があります。それほど、他者と働いて価値を生み出すということは難易度が高いからです。難易度が高いというとめげそうになる人もいるかもしれませんが、逆にいうと「**そのスキルに希少性がある**」ということです。

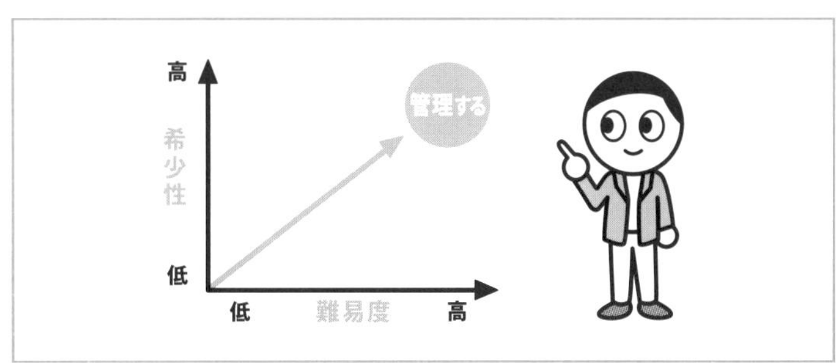

ぜひ、すべての章の内容を押さえて「市場価値の高い人材」になりましょう。

「買ったからには
全部読まなきゃ!!」
なんて義務感より

「どう役に立てるか」
を念頭に
つまみ食いでOK!!

Chapter

1

今すぐ取り組める「マインドセット」

MINDSET

MINDSET

なぜマインドセットから はじめるのか

小手先のテクニックだけでは 長く使える武器にはならない

Chapter0でお話ししたとおり、本書は細かなスキルセットの前段として、まずマインドセットを整えるための章をはじめにもってきています。これは、**マインドセットを伴わないスキルは一時的にあなたを助けることはあっても、あなたを変えるほどの力にはなり得ない**と考えているからです。

私自身、自分が大きく変わったターニングポイントでは必ずマインドセットのアップデートが起きてきました。逆に、マインドが伴わないスキルの習得では自分自身を大きく変えることができませんでした。

マインドという土台があってこそ、 スキルが爆発的に活きる

たとえば、あなたが翌日のプレゼンに向けて、プレゼンテーションの手法を学んだとします。「プレゼンではメリハリをつけることが重要だ」ということを学び、メリハリをつけるテクニックを調べて、翌日のプレゼンを何とか乗り切ったとします。ですが、これは本当の意味で「プレゼンが上手になった」とはいえません。なぜなら「メリハリをつけることがなぜ良いプレゼンを生むのか」、ここを理解していないからです。つまりそこに**「Why」がない**、ということです。

「メリハリをつけることは、あくまでも聞き手が飽きずに聞きやすくなるからだ」と、Whyまでを考えることができていれば、

何も「メリハリをつける」にこだわる必要はないことがわかります。**飽きないためのコンテンツをプレゼンの中に入れさえすれば、「メリハリをつけただけ」の小手先重視のプレゼンよりも聞き手を惹きつけるプレゼンになる可能性が大いにあります。**

これは、ある種「抽象化」のような考え方に近いのですが、物事を本質的に捉えるために、「まず表面だけをなぞる」のは近道に見えて遠回りになってしまいます。Chaper2、3、4、5でお話しする「学ぶ」「考える」「伝える」「管理する」のスキルの章を読む際に、「なぜそのようなスキルを身につけるのか」という本質を理解しているかしていないかで、あなたの吸収効率は大きく変わります。

ぜひ、この章をまずはじめに押さえて、本質を捉えることができる「吸収力抜群のスポンジ」のようになって、そのあとしっかりと効率的にスキルセットを獲得してください。

MINDSET

「目的」を達成しなければ評価はされない

コツコツと業務を積みあげることを重視する

作業の継続ではなく仮説検証の継続を重視する

手段を目的化しても意味がない

「私は毎月 10 冊本を読んでいる！」とか「私は英会話スクールに毎日通っている！」といったドヤ顔自慢を聞くことはありませんか？

昨今、SNS がコミュニケーションツールとして台頭してきたので、このような「がんばっている宣言」を目にすることが多くなりました。

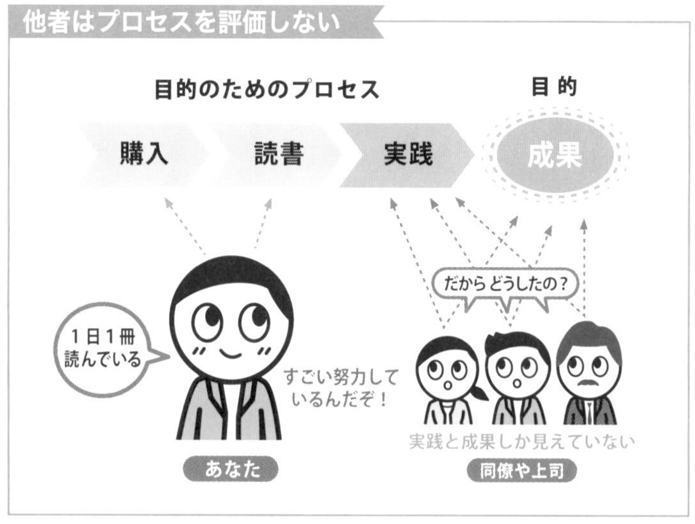

残念ですが、結論からいうと、このような宣言は無意味だと割り切りましょう。というのも、こういった「ドヤ顔努力自慢」はプロセスを評価しているにすぎないからです。**本来評価されるべきなのは「結果」**です。極論かもしれませんが、**「プロセス」は評価すべきではありません。**もちろん、目標に向かって努力をすることは素晴らしいことですが、このプロセスを過度に評価してしまうと、本質を見失ってしまうことがあります。

プロセス重視の落とし穴とは？

プロセス重視のデメリットはいくつかあります。

ひとつめが「**❶努力の方向性が間違っていた場合に、その間違いに気づきにくくなる**」という点です。たとえば健康的な身体を手に入れるという目標に対し、筋トレを毎日やったとします。不幸なことに、毎日がんばって続けていた筋トレのやり方が間違えていたという論文が発表されました。ここでプロセス重視の考え方なら、「毎日筋トレさえしていればOK」なので、この情報が自分に入ってくる確率はグンと下がります。理由は、そもそもそういった情報を探す意識がないからです。

そして、仮にそういった情報が入ってきたとしても、多くの人はこれまでやってきた方法を変えることができません。これがプロセス重視のデメリットの２つ目、「**❷過去に自分が信じた方法・手段に愛着がわいてしまう**」というものです。人は、自分が多くのリソース（時間やお金）をかけてきたものを正当化したくなります。これを「**正当化バイアス**」ともいいますが、その作用が、「正しい方向へ修正すること」の障壁になります。

理由は、「**過去の自分を否定することは苦しい**」からです。

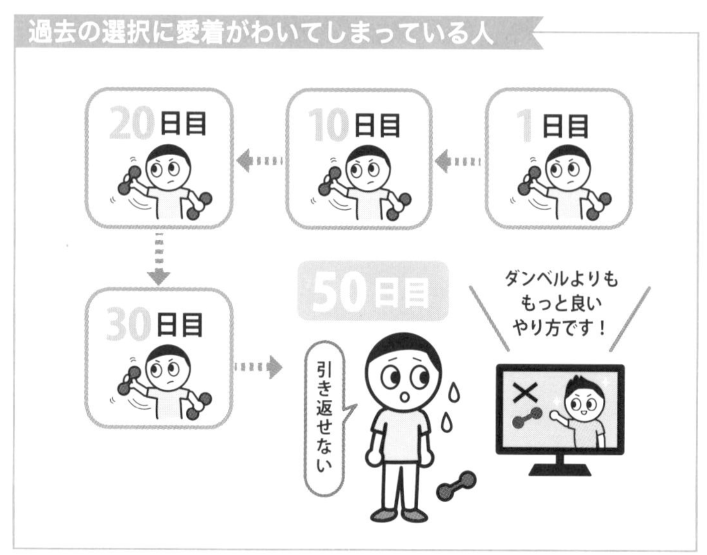

プロセス重視になることで、失うものが多くなる。

プロセス重視のワナから抜け出すには？

プロセス重視とは、言い換えると「**作業が目的化している状態**」であることを意味します。ところが、もともと作業にはそれぞれ目的があるはずです。つまり、作業は目的のための手段にすぎません。ということは、「**作業を目的とせず手段と割り切り、本来の目的に向かって動く状態をつくりあげる**」ことが求められます。そのために、具体的にどのようにすれば良いのでしょうか。その答えは、「**手段を定期的に疑う**」ことです。

何かの目的に向かって計画を立てたとき、明確に目的と手段は分かれます。先ほどの例であれば、「健康的な身体を手に入れる」のが目的で、「毎日筋トレをする」のが手段です。この手段に対して定期的に疑いをかけていきます。具体的には、「毎日筋トレをする方法で良いのか」「ほかにもっと良い方法はないか」という疑いをかけ、検証をしていきます。

このとき、「まあ、方向性は正しいだろう」という生半可な気持ちで疑っても意味がありません。「本当にこの方法で良いのか」「このやり方って実は効率が悪いんじゃないか」と、過去の自分が決めたことに対してあら探しをしていきます。愛着を捨て、疑ってかかりましょう。疑うにあたってのポイントは、「目的から逆算をすること」です。いくら達成感が得られても、目的に近づくためのものでなくては意味がありません。「**その手段によって本当に目的に近づくことができているか**」、この1点だけを意識して精査していきましょう。

本当の目的は「シミを消したい」なのに
一生懸命プロテインを飲んでいた

大事なのは「目標に近づくための頭を使った努力」

自分で当初立てた計画を疑うというのは、慣れていない人だと本当に疲れます。過去の自分が考えた案に改めて「？」をつけることは、脳みそに汗をかくことに繋がるからです。逆にいうと、**脳みそに汗をかかずに思考停止状態で毎日筋トレをすることは、一見大変そうに見えてとても楽だ**ということです。身体に汗をかかせるのか、脳みそに汗をかかせるのかによって、中長期的な目的達成度合いは大きく異なります。

自己満足の努力ではなく、目的に近づくための「頭を使った努力」を継続していきましょう。

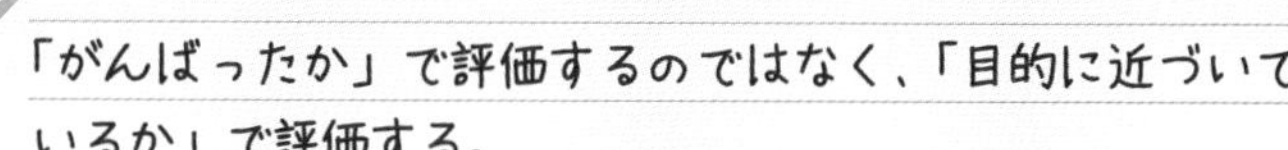

「がんばったか」で評価するのではなく、「目的に近づいているか」で評価する。

MINDSET

「付加価値」をつくり出すことが市場価値を高める

作業に集中して
手早くきちんとこなす

常に思考を仕事に
ぶつけながら作業する

作業ロボットにならない

ビジネスの現場では、資料を作成したり会議の議事録を書いたり、「作業」をすることが多くありますが、付加価値を出す人材になるにあたって、**「作業ロボットになることは絶対に避ける」**べきです。といっても、作業をすること自体は悪いことではありません。もちろん、ビジネスを推進していくうえで必要であればやるべきです。

気をつけなくてはいけないのが、作業ロボットになる、つまり**マインドセットが「作業者」になってしまうと、途端にあなたの成長を阻害しはじめます。**

そもそも「作業」とは何か

お話ししたように、ビジネスに作業はつきものです。まれに「作業要素はすべて社員や外注先に任せている」という、作業をまったくしない経営者もいますが、それはかなり例外的です。一般的なビジネスパーソンであれば、何かしらの形で作業はしているはずです。

では「作業」とは、どのように定義されるものなのでしょうか？

ここでいう **“作業”とは、「決められた手順や方法で与えられた**

課題を解決するもの」を指します。つまり、正解・ゴールの形がおおよそ決まっていて、そこにいかに正確に早くたどり着くかが重要視されているものを指します。たとえば、「決められた手順でデータを正しく入力する」というタスクは「作業」にあたります。

作業＝正確にゴールにたどり着くことが重要視される

作業者マインドでは「答えのないタスク」と戦えない

では「作業者マインド」とは何を指すのでしょうか？

作業者とは文字どおり、作業をする人です。そして作業者のマインドとは「**決められた手順、決められた方法で、与えられた課題を解決するマインド**」を指します。字面を見ると、これ自体は別に何も問題ないように思えますが、この思考しか持っていないという状態は避けなければいけません。「作業者」ができる仕事の範囲はとてつもなく狭くなり、結果として仕事における人材の価値が下がってしまいます。

たとえば、あなたが「長年続いてきた業務フローの改善」といった答えが決まっていないタスクに対して、作業者マインドで立ち向かおうとしてしまうとなかなか付加価値を生み出せません。**決まった手順、決まった方法で進むことに慣れてしまった作業者マインドの人には、このような「いばらの道の進み方がわからない」**からです。プロセスが確立されていないタスクに立ち向かう場合、作業者マインドを捨てて、「自分で」考える必要があります。

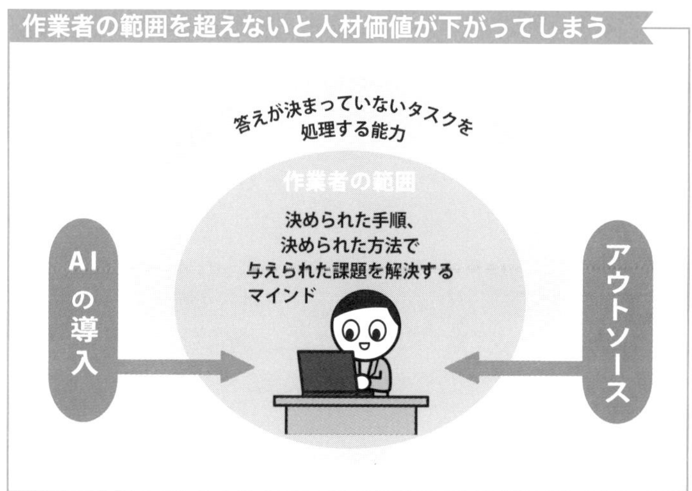

作業風のタスクに気をつけろ

実は、先ほどの例のように強制的に自分で考えることを求められるタスクはまだ良いほうです。なぜなら、やっている中で、いずれどこかで前に進めなくなるので、「作業者マインドを持っているから進めない、このままじゃまずい」ということに気づくことができるからです。

たちが悪いのは、作業風のタスクです。作業風とつけたのは、**「一見作業のように見える、ゴールも手順も決められていそうなのに、要所要所、自分で考える必要のあるタスク」**です。

名店の秘伝のタレのように、長年同じようなやり方で進められてきたタスクなどがまさにこれにあたります。秘伝のタレというのは、いつ誰がどういう方法でつくりはじめたのかわからないほど歴史のあるものです、今それを扱う人はそういった経緯などを知らずに、「秘伝のタレはこう扱え」という指示にしたがっているだけです。

これをあなたの会社の業務で見てみると、秘伝のタレ的な「何が目的かはわからないけど、以前から自部署でいつもやっている業務」となります。こういう業務は、従来の方法で取り組むことがあたりまえになっているため、ほかの業務と比べて「何のためにこれをやるんだろう？」という目を向けにくいものです。

つまり、そういった脈々と受け継がれてきた**秘伝のタレ的業務にこそ「改善対象」が多く眠っている可能性が高い**のです。

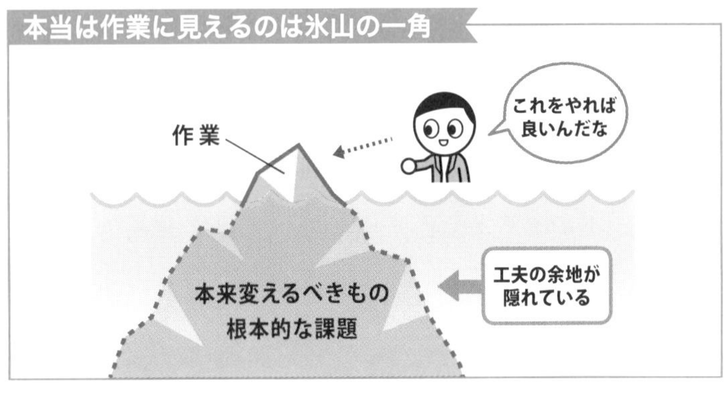

こうしたタスクに作業者マインドで挑むと、これまでと同じやり方で前例主義に則ったアウトプットを出すはめになってしまいます。誰がやっても同じアウトプットが出るということは、言い換えると「別に作業主体はあなたでなくても別に良い」ということを意味します。厳しい言い方になりますが、「**あなたの付加価**

値がゼロである」ということを表すことにもなってしまうのです。

そして、こういった罠のような工夫の余地が残っているタスク(作業風タスク)、つまり、**あなたの付加価値を出すチャンスがあるタスクというのは数多く存在**します。むしろ、工夫のしようが一切ない、純粋な“作業”のほうが実は少ないものです。思考停止に陥っているとなかなか見えない改善ポイントや新しい切り口は、ほとんどのタスクに存在します。

もちろん、そういった検討を加え続けた結果、今のやり方が1番効率的かつ効果的な状態になっている「すでに完成系」のようなタスクもたくさん存在しますが、私たちの周りには、ただ眺めているだけでは気づけない、作業風タスクも多く存在します。そういったタスクを何も考えずに進めていると、次第に作業者マインドが定着してしまい、「**別にあなたでなくても良い**」という状態に近づいてしまうことになります。これは、数年後にはあなたの仕事がロボットに代替されているかもしれないということです。

作業者マインドから思考者マインドへスイッチする

自身の付加価値を生み出すためには、作業者マインドを捨てて「**思考者マインド**」を持たなければいけません。つまり、**すべてのタスクに対して自分でしっかりと考える**ことが必要です。何となく仕事をしていると気づかないようなところに、改善点は存在します。

とはいっても、この思考者マインドを持つ際の注意点もあります。「自分オリジナルの考えを出さなきゃ。前例主義に立ち向かわなきゃ」という思考が強くなりすぎて、従来のものに対して**何でもかんでも否定してしまわないようにする**ことです。

押さえておきたいのは、「前例主義で何も疑いも持たずに、何も検証せずに、ただただ作業を進める」という作業者マインドが悪だということで、良い前例があれば、継続して続けていくべきです。そこを見誤ってしまうと、ただの「めんどうくさい人」になってしまいます。前例が良いか悪いかも、思考者マインドをぶつけてフラットに判断しましょう。

ここからは、作業者マインドを捨てて思考者マインドを持つための２つのポイントを解説していきます。

❶インプットに自分の意見を添える

ひとつ目のポイントは、インプットに自分の意見を添えることです。日ごろ､ニュースを読んだり読書をしたり映画を見たりと、インプットをする機会はたくさんあります。そのインプットをインプットのまま終わらせるのは非常にもったいないです。**アウトプットすることは究極のインプットの手段でもあり、インプットの効率をよくするだけでなく、ここでお話ししている「思考者マインド」も自然と備わってきます。**

そして、できればそのアウトプットは自分の考えに基づいたも

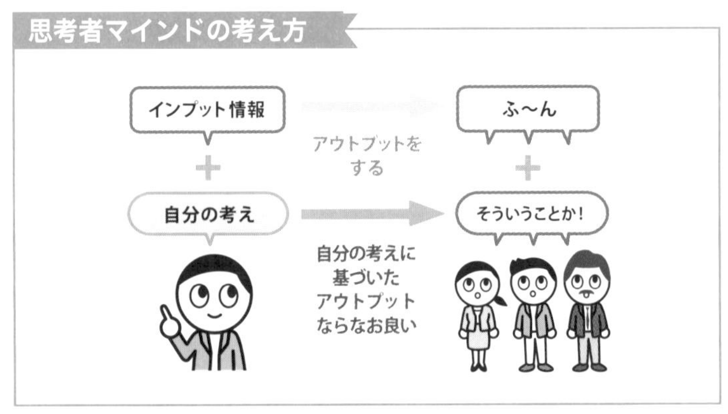

のにしましょう。ニュースであれば、そのニュースを見てどのような感情を持ったのかが大切です。喜ばしいのか、憤りを感じるのか、自分ならこうするといった代替案を持っているのかまで考えます。そしてなぜ喜ばしいと思うのか、なぜ憤りを感じるのかなど、「**感情の理由まで言語化できる**」となお良いです。

知人や同僚と同じニュースや書籍、映画について語りあうのも、思考者マインドを鍛えるためにとても有効です。「相手の考え」というまた違ったインプットが入ることで、さらに思考が磨かれていきます。この「自分の意見を添える」というのは通勤中にも頭の中でできるので、ぜひ実践していきましょう。

❷ あらゆる情報に「So What?」と「Why So?」をぶつける

続いてあらゆる情報に「So What?」と「Why So?」を加えることです。この方法は数多くのビジネス書で語られているので、知っている人も多いかもしれません。

「So What? ＝だから何？」「Why So? ＝それはなぜ？」をそれぞれ意味します。

あらゆる情報に対して So What?（だから何？）と問うことで、**その情報に対して“自分なりの”結論を導き出す**ことができます。

また、Why So?（それはなぜ？）は、同じく**その情報に対して“自分なりの”根拠を導き出す**ことができます。これを繰り返していくことで、点として得た情報であっても、それらが自分の中でつながり、線や面として把握し、加工できるようになります。

そして結果として、自分の考えを生み出す力が養われ思考者マインドが育っていきます。最初はしんどいかもしれませんが、一度癖がつくと、意識しなくても勝手に考えるようになります。そうなれば、思考者マインドが定着したも同然です。

これら２つの習慣を身につけることで、思考マインドが養わ

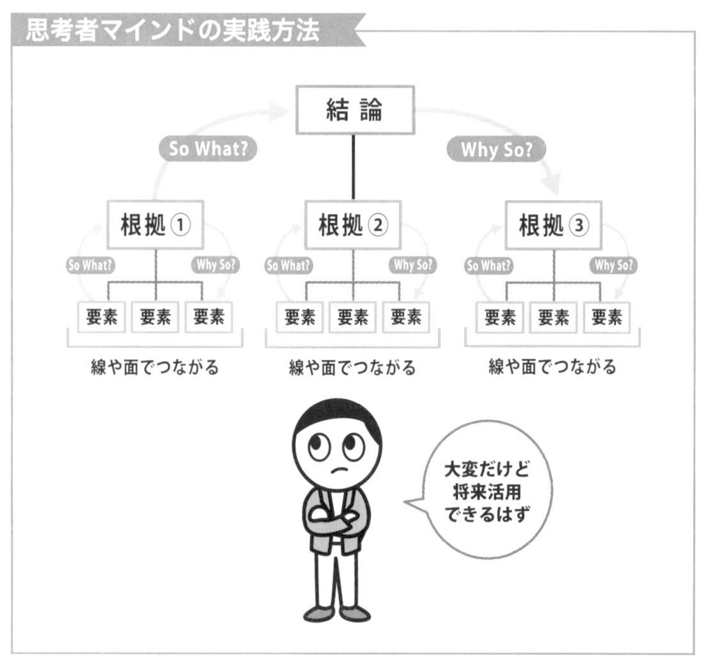

れていきます。結果として、あなたがどのような業務を担当していようが、あなたにしか持てない視点、あなたにしかできない仕事が増えていきます。

思考マインドの積み重ねが、あなたが付加価値をつくり出す大きな助けになり、自動的にあなたの市場価値を高めてくれる。

MINDSET

「社内評価」は上司や会社の評価を気にしなくて良い

上司や会社の評価を気にしすぎるのは悪手

上司や会社の評価を追いかける

市場の評価を追いかける

あなたは会社や上司の評価を気にするか

早速ですが、あなたは今勤めている会社や今働いている職場の上司の評価を気にしていますか？　会社や上司から見たあなたの評価です。「気にしない！」という人は少ないと思いますし、普通に考えると評価されたほうが良いに決まっているので、気にしますよね。気にするのはしかたないにしても、**あまりに過度に気にしている人が多い**ように感じます。「過度に」とつけたのは、私の周囲で結果を出せていない人の中には、社内で改善すべき課題を見つけたのにもかかわらず「それは上司が嫌がりそう」「それは会社が評価しない」といって課題を無視し、目先の評価を優先してしまうようなケースが散見されるからです。

では私はというと、会社員という立場でありながら会社や上司の評価はほとんど気にしていません。「会社や上司の評価を過度に気にする人」にとっては極論にも聞こえそうなこの意見ですが、**中長期的なキャリアプランを描くにあたっては、絶対に持つべき考え方**であると考えています。では、その背景を具体的にお話ししていきます。

なぜ会社や上司に評価されたいのか

私の考えを述べる前に、「会社や上司の評価を過度に気にする人」が、なぜ会社や上司の評価をそこまで気にしているのかを考えてみましょう。この答えはいたってシンプルで、**「評価されることで出世したり昇給したりする」**と考えているからです。つまり、多くの人が出世や昇給のために「評価」を求めているということです。

ではもう少し掘り下げて、なぜ出世や昇給をしたいのかを考えてみましょう。おそらく、出世の先に「裁量を与えられたい」という思いがあったり、昇給の先に「生活を豊かにしたい」という思いがあったりします。

ところが、「裁量を与えられたい」「生活を豊かにしたい」という目的がある場合に、その目的に対する手段として**「会社や上司から過度に評価される行動をする」という方法は、かなり非効率**なのです。

評価→出世／昇給→裁量 UP ／豊かな生活

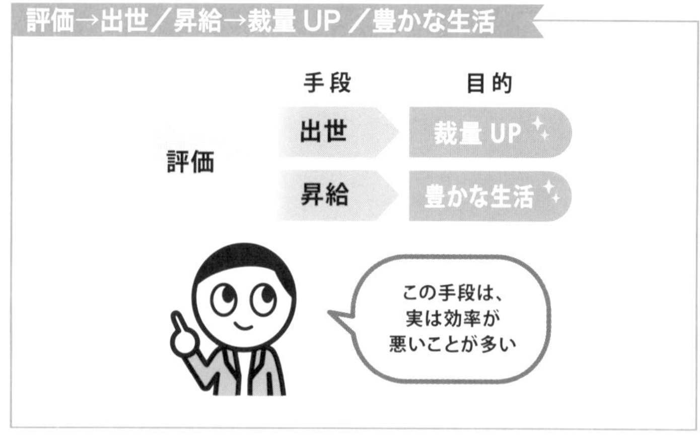

なぜ上司や会社の評価を追い求めることが非効率なのか？

ここから、先ほど述べた手段が非効率である理由をお話ししていきます。

まずあなたが仮にこのような考え方で仕事に取り組んだ結果、上司から評価をされたとします。めでたしめでたしと思いきや、人事異動で上司が変わってしまったらどうなるでしょうか。いちから新しい上司のやり方にあわせていく必要があります。また、仮にあなたがめでたく会社から評価された場合も、転職をしてしまったら、これまたいちからやり直しになってしまいます。

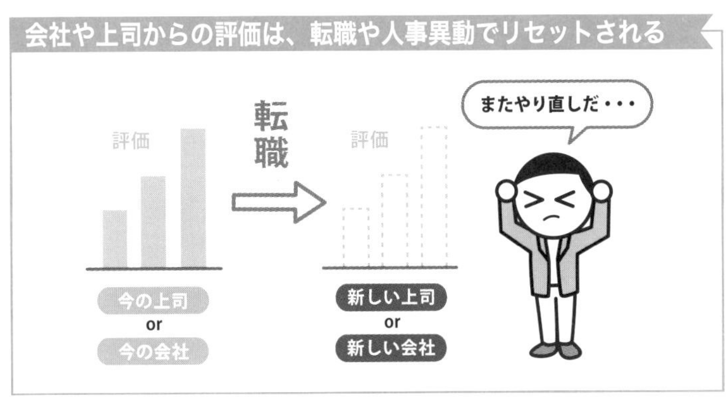

追い求めるべきは「市場からの評価」

先ほどのような考え方が非効率であるということは理解できました。では、どうすれば良いのでしょうか。

それは、「**市場から評価される人材を目指す**」ことです。市場ではどんな人材が求められているのか、市場で不足している人材はどういった人材なのかなど、市場の需要と供給のバランスを見て評価軸を探りにいくことがポイントです。

そう考えると、今勤めている会社や今の上司の評価が市場の評価とズレていたら、今の会社や上司は「市場の動きを捉える力が弱い」ということになるので、そのようなしょうもない会社、しょうもない上司は軽く抜き去りましょう。少なくとも今の会社や今の上司に対して、「この会社は何もわかっていないな」「この会社は評価制度が崩壊しているな」という風に嘆いたり批判したりすることは、不毛なのでやめましょう。

抜き去るといっても、「評価されないから無理」とか、「そこまで時間がない」という人は、今の会社を辞めて転職を考えるのもひとつの方法です。もちろんその転職の際は、「給料が良い」とか「有名」といった表面的な評価で判断するのではなく、**「市場価値の高い人材を高く評価する会社」**を目指します。

理由は、**結局追い求めるべきは市場価値なので、市場の評価軸と会社／上司の評価軸はなるべくそろっているほうがストレスが少ない**からです。

本来求めるべきは「市場からの評価」、そこを前提とした職場選びをする

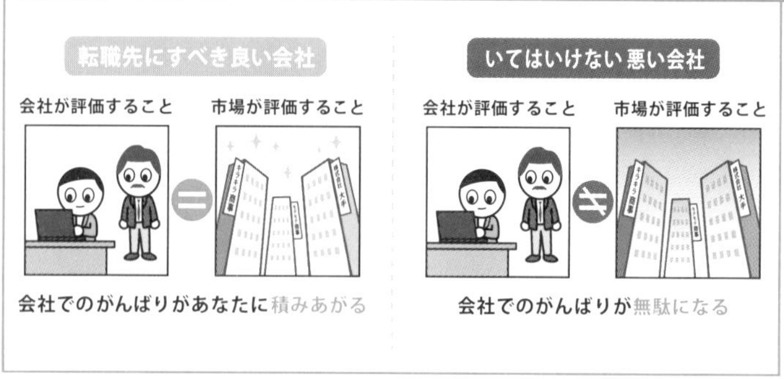

転職先にすべき良い会社

会社が評価すること ＝ 市場が評価すること

会社でのがんばりがあなたに積みあがる

いてはいけない悪い会社

会社が評価すること ≠ 市場が評価すること

会社でのがんばりが無駄になる

市場評価を最優先し、それを邪魔するような会社・上司は抜き去ろう！

MINDSET

「市場評価」を意識したら安定は求めない

会社独自のルールに精通している

会社の外に目を向ける

キャリア構築を航海のようなものと捉える

前節で「市場からの評価を追い求めることが重要」という話をしましたが、このお話、頭ではわかったような感じになっても、「目の前にいる上司」や「給料の査定となる会社」の評価を無視して、「目に見えない市場」からの評価を追い求めるというのはなかなか腹落ちしないものです。

ここではひとつのたとえ話をもとに、市場からの評価を気にすべき理由や具体的な動き方をお話しできればと思います。

労働市場は海であり、キャリア構築は航海である

まずイメージしてほしいのが、「**キャリア構築は航海のようなもの**」ということです。あなたはキャリアのゴールを目指すために海を渡る必要があると考えてください。このキャリアのゴールは人それぞれで設定するものなので、設定できさえすれば問題ありません。あとからでも変更可能なので、最初の段階ではそこまで深く考えなくても大丈夫です。

さて、そのゴールを目指すためにあなたならどう行動するでしょうか。自分ひとりで泳いでいくことも不可能ではないですが、海を知らない者にとってそれは無謀であることが多く、苦しい戦

いを強いられそうです。そうなると、多くの人は「すでに海を渡っている船」に乗組員として参加します。キャリアで考えると、船は会社、乗組員として参加することは就職ということになります。

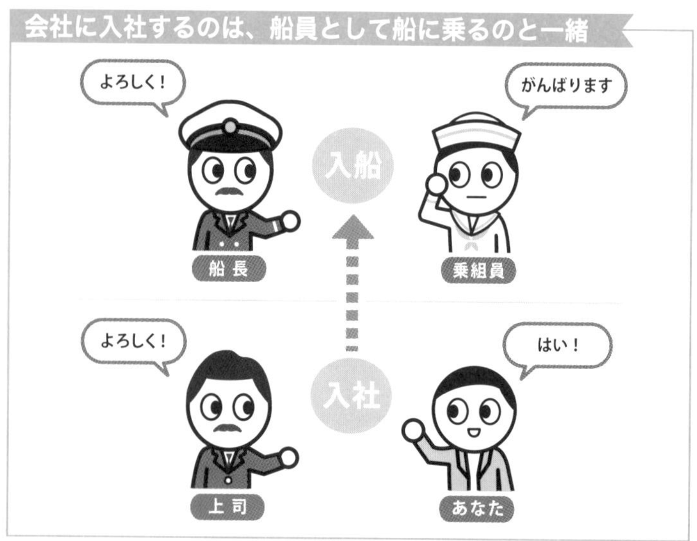

「安定したい」が導く市場価値の低下

このような仮定のもとで今の労働市場を紐解いていくと、ほとんどの人は船に乗り込んだら最後、先ほど設定していた「最終的なゴール」を忘れ、船の中にしか目を向けなくなります。どういうことかというと、**船はそのゴールに行くための「手段」にすぎないのですが、多くの人は、その「手段」を「目的」と捉えてしまいます。**

たとえば巷でよく聞く「安定した会社に就職したい」「俺は○○という会社の内定をもらった」といった声ですが、まさにこういった意見は「船に参加すること」が目的になっており、市場価値が下がっていく思考です。

もちろん、手段としての「船選び」で慎重になることは必要ですが、その船の大きさや歴史など、会社でいうところの**安定性のようなものに頼りきる近視眼的な考え方をした時点で成長は止まります**。広い海の中のたった1隻の船の中のルールに精通した、海の渡り方を何も知らない人材、市場価値の低い人材ができあがってしまいます。

安定した会社に就職することはキャリアのゴールではない

船の中しか見ない＝市場価値が下がる人

船に乗船することが目的になっている人は、船の中でどうやって長く生き延びるかということを中心に考えてしまいます。このような人にありがちなパターンを２つ取りあげます。

ひとつ目は、「**❶同じ船に長くいるのが良いこと**」だと思っているパターンです。もちろん長くいることそれ自体は、何も悪いことではありません。長く在籍することでその業界のプロダクトの知見が豊富になったり、業界のストーリーを知っていることなどには価値があります。ですが、同じ会社の在籍年数それ自体には、ほぼ市場価値は関係がありません。

なぜならば、その船のベテランであることは、ほかの船では活かせないスキルだからです。**船を変えた瞬間に価値をなくすスキルは、市場（＝海）において価値があるとはいえません。**「俺はベテランだ！」みたいにふんぞり返っている上司が近くにいたら、「市場では評価されないスキルなのに滑稽だな」くらいに思っておきましょう。

２つ目は、「**❷船の中のルールを深く理解しているのが良いこと**」だと思っているパターンです。これに関しても市場価値にはほぼ関係がありません。そのルールはその船でしか適用されないからです。その会社の出世のルールが市場にぴったりはまるよう最適化されていれば別ですが、そういったことはまずありません。

よく、「あの部署は権力が強い」「あいつは出世コースに乗っている」など、自分には関係のない人事話や出世話に詳しい人がいますが、こういった話は市場価値とは何ら関係がありません。そういった人とは距離を置くようにしましょう。

船の中にしか興味がない人たちとは距離を置く

この２つのパターンはあくまで例ですが、「市場価値に関係がないものに時間や労力を割いている」ということは、極端な話、**船の外に放り出されたときに、ほぼ確実におぼれ死ぬ**ということを表します。

船の外を見る人＝市場価値が上がる人

ではどういった考え方を持ち、何に取り組むべきなのでしょうか。それは、船（＝就職先の企業）はひとつの手段であると理解し、広い海を見渡すことです。具体的に持つべき視点は、「**今、自分は最終的なゴールにちゃんと向かっているのか**」「**今、海でどのようなことが起こっているのか**」「**今、どの船でも通用するスキルは何か**」などです。

こういったことを考えることで、今何をすれば市場価値が高くなるのか、つまりどの船でも求められる人材になれるかが、薄らとでも見えてくるはずです。

船の外を見ることで、市場を理解することが市場価値向上の第一歩。

MINDSET

「自責」という考え方があなたの価値を変える

トラブルが起こると「犯人捜し」「アリバイづくり」をする

トラブルが起こると「自分にできたこと」を考える

「トラブルの責任は自分にもあったのでは？」と考える

あなたは仕事でトラブルに巻き込まれたことがありますか？1度もトラブルに巻き込まれたことがない人がいたとしたら、それは超絶幸運の持ち主か、視野が狭すぎるかのどちらかでしょう。ビジネスマンにはトラブルはつきものですが、あなたはトラブルをどう対処していますか？

自分が起こしたミスであれば、しっかりと反省して再発防止策を考え、次回からの働き方に反映させることで同様のミスが起きないような仕組みづくりをすることが、ベストな事後処理です。

ミスを起こしたりトラブルを起こすことは極力避けたいところですが、このように**自分自身の甘かった行動を見つめ直し、その原因を突き止め、それが今後起きないように「注意する」のではなく、「仕組みをつくる」というのは、実は貴重な成長機会**でもあります。

「他責感情」と「自責感情」で頭の使い方が変わる

自分以外の誰か、たとえば自分の部下などが原因でトラブルが起きた場合はどうでしょうか？　そういったとき、もしかすると「何をやっているんだ」という感情がわいてくるかもしれません。

当然そのトラブルの責任は、トラブルを起こした張本人だけでなく上司のあなたにもあるわけですから、あなたも先ほどのような再発防止の仕組みを考える必要があります。これは組織で動いている以上、当然の責務です。このとき、部下に対して「何をやっているんだ」という他責感情と「自分にも責任があったな」という自責感情とでは、頭の使い方が大きく変わってきます。

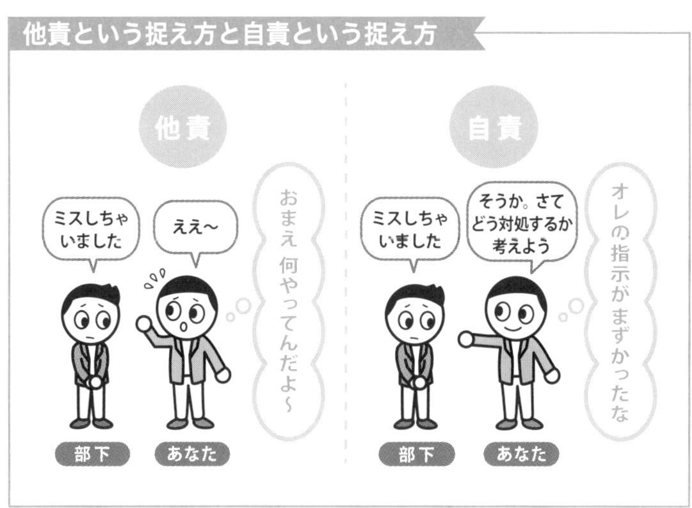

他責感情では最適な方法を選べない

まず前者のような他責感情では、根本に「原因は部下の注意力不足だ」という感情があるため、**「部下が注意深くなるためには」という発想**になってしまいます。

本来、人は誰しもが自分以外の人間をコントロールすることはできません。たとえそれが、上司と部下という一定の命令規律にしたがうような関係性であっても、コントロールするのは難しいものです。自分は自分、他人は他人です。自分がいかに相手のことを推測して相手にとって1番有効だと思える方法を提案したところで、実際に行動するのは部下なのでコントロールできないと考えましょう。

それでも、悲しいかな部下をコントロールできると考えてしまいがちです。それで、「なぜやれないんだ」という発想になってしまったり、部下にとって最適ではない方法を採用してしまったりすることになりかねません。

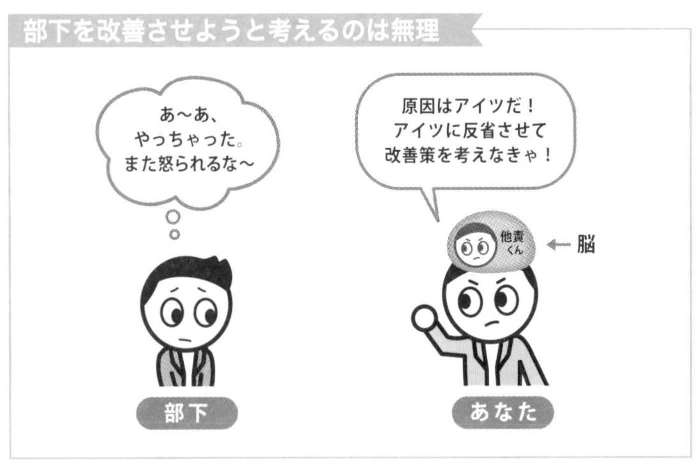

自責感情を選ぶことのメリット

ではどうすれば良いのかというと、コントロールできる自分を軸に、トラブルやミスの原因を考えていくことです。このときに有効なのが、「**トラブルの責任は自分にもあったのでは**」と考えることです。

実際の過失割合がどうのこうのということではなく、「自分にも責任がある」という前提を置くことで、「自分の工夫でこのトラブルを防げた、もしくは軽減できたのではないか」と考えることができます。そこから、「自分が注意喚起を怠らなければ」「部下の指導の際には必ずこれを伝えたほうが良いな」という**自分の行動はもちろん、「そもそも部署としてチェックの仕組みをつくったほうが良いのでは？」といった仕組み構築の部分まで自分事として考えることができる**ようになります。

こういったマインドセットやそこから起きる行動は、組織のためのものになります。つまり**「全体最適」的な視点になる**ということです。結果として他責感情で考えた再発防止策よりもはるかに効果的で、ずっと実践的な方策が見つかるのです。

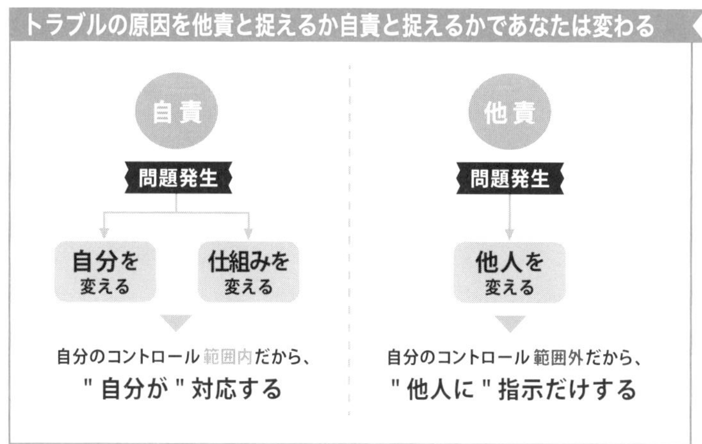

自責感情を持つことで得られる3つのメリット

とはいえ、ここまでの話を聞くと、人によってはきれい事のように聞こえるかもしれません。確かに最初は、「何でここまで自分のせいにしなきゃいけないんだよ」とか、「これはさすがにアイツのせいだろ」という感情がどうしても出てきてしまうかもしれません。

でもそれではダメで、**本心から「自分にも責任がある」と思えないと、この取り組みはほとんど意味がない**ものになってしまい、ただただ精神衛生上よくない時間をすごすだけになってしまいます。いずれ慣れるとはいえ、最初はとても苦しい取り組みになるかもしれません。「慣れるまでは地獄」とすら感じる人もいるかと思います。

これまで説明してきたメリットはあくまで組織にとってのものだったので、余計に自分事として考えにくいところがあるかもしれません。しかし、この取り組みによって、あなた自身が得られるものもちゃんとあるのです。「自分にも責任があるのでは」と考えることで、あなたが享受できる３つのメリットを紹介しておきます。

❶全体最適を考えたため高く評価される

ひとつ目のメリットは、**所属組織や取引先から高く評価される**ことです。これは当然の結果でもあります。**「全体最適」を考える個人は組織にとって重宝する**からです。

逆にいうと、しっかりと組織に貢献する全体最適な動きをしているにもかかわらず評価されない場合は、その組織の評価制度はおかしいということになるので、その組織から出ることをお勧めします。しっかりと全体最適を考えられる人であれば、転職市場でも優位に立てます。その点も武器に今すぐ転職市場に乗り出しましょう。

❷成長スピードが圧倒的に速くなる

２つ目のメリットは**成長スピードが圧倒的に速くなる**ことです。これもよく考えるとあたりまえです。人よりもPDCAサイクルを考えて回す機会が多いため、成長の機会も自動的に多くなります。**失敗の数が多い人ほど、成長機会が多い**ものです。「自分にも責任があるのでは」と考えるということは、部下や後輩の失敗もうやむやにせず真正面から取り組むわけですから、明らかに成長スピードは上がります。

これが、ひとつ目の「評価される」メリットと相乗効果のように働きます。加速度的に成長スピードは上がり、その結果評価され、評価された結果、裁量が大きくなる。そして、裁量が大きくなることで、より難易度が高く範囲の広い仕事、すなわち「成長機会」に恵まれることになるのです。このシナジーはぜひ活かしていきましょう。

③ 慣れれば精神衛生面もよくなってくる

意外かもしれませんが、**「全部自分に責任がある」という思考を続けると、中長期的な精神衛生は快適に**なります。これが3つ目のメリットです。

「自責感情を持つ」という取り組み、最初はかなりきついですが、続ければ次第に慣れてきます。そしてこの考えが染みついてくると、他責感情の人が持つような「あいつのせいで」とか「なんでもっとしっかりやらないんだ」といった負の感情が発生しなくなります。この**負の感情が出ないだけで、仕事がかなりやりやすくなります**。

以上が、あなた自身が得られる３つのメリットです。聖人君子になることは難しいと思いますが、個のメリットを獲得するため！　と割り切って、この取り組みをはじめましょう。

部下や後輩ではなく、自分に責任はなかったかと考える。

MINDSET

「プライド」という考え方があなたの価値を変える

見栄を大事にする

プライドを大事にする

見栄とプライドをはき違えない

あなたは、「見栄」と「プライド」の違いについてご存じですか？「見栄を張る」「プライドが高い」など、何となく同じような意味あいで使っている人が多いと思います。これらの言葉はある程度幅の広い言葉なので、人によって解釈が変わってきて当然なのですが、私は明確に違う意味で使っています。

「譲れないもの」のような意味では同じなのですが、見ている方向が違います。**「見栄は外向きで他者に対して大事にしているもの」**、つまり、自分がどう見られているのかという観点。一方**「プライドは自分の中で大事にしているもの」**、つまり、自分が自分をどう見ているかという観点です。

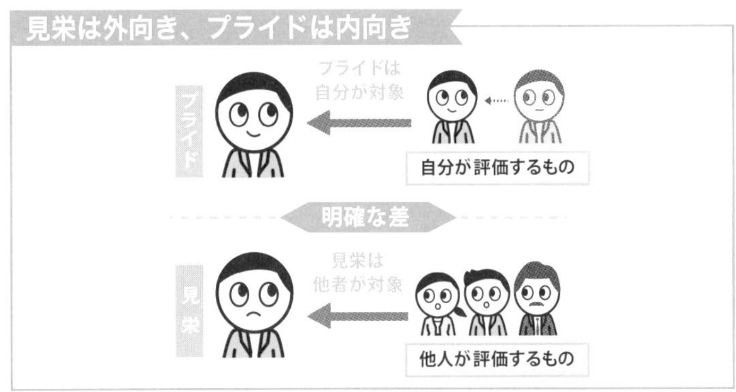

見栄は他者に対するもの

「見栄」は他者からどう見られているかが問題で、中身や本質は度外視した外見の話です。ブランド物を身に着けたり高級外車に乗ったりと、過度の装飾をする人がいますが、あの中に「見栄」というものが見え隠れしています。

もちろん高級ブランドのデザインが大好きで、自己実現のために装飾をしたり、運転する空間が好きで高級外車に乗るという人もいます。そういった人を否定する意図はありませんが、仮にそれらを購入し利用するモチベーションが「他者からよく見られたい」というものである場合、少々しんどいことが起きます。

どういうことかというと、こういった価値観で生きていると他者からどう見られるのかという基準で自分の幸せを測る癖がついてしまい、「**承認欲求というゴールのないレースに参加する羽目**」になってしまうからです。

究極的に、他人の気持ちはコントロールできません。他人がどう思うか、その部分に影響を与えることはできても、完全に攻略することは不可能です。見栄を大事にするということは、そのような「無理ゲー」に挑むということなのです。

プライドは自分に対するもの

一方で、プライドは自分に対するものです。つまり、**どう大切にし、どう守り、（場合によっては）どう裏切るかを、自分自身が決め判断**します。先ほど「他人はコントロールできない」といいましたが、コントロールできる唯一のものが「自分」です。あなたは、まず「自分を大事」にするところからはじめましょう。

見栄を捨て、プライドを大切にする

他人にどう思われるかを追いかけるのではなく、自分自身がどう思うかを追求しましょう。少し抽象的な話ですが、もし今あなたが「譲れないもの」がある場合、それがなぜ譲れないのか、譲りたくないのかを、今一度冷静に俯瞰してみましょう。

そのとき、「どう思われるか」「どう見られるか」ということが大きなモチベーションになっている場合は、そういった「しょうもない」ことは捨て去り、「自分って本当は何がしたいんだっけ？」「何を求めているんだっけ？」と振り返りましょう。

この振り返りは、１度やれば終わりというものではなく、定期的に繰り返しましょう。

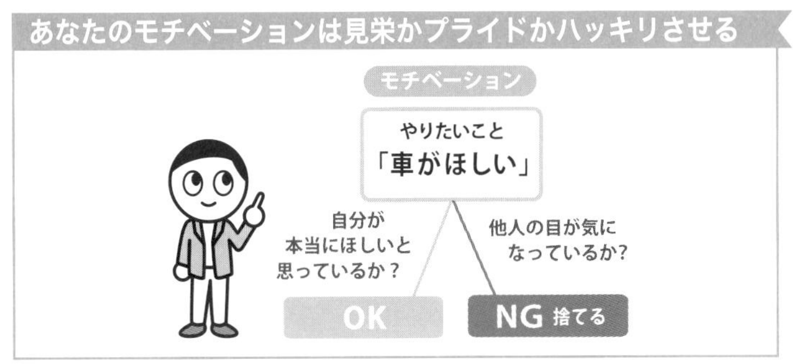

— Column —

意識高い『系』はダサいのか?

身の回りにいる「意識高い系」ってなんだ?

あなたの周りに意識高い系の人、いますか?

そもそも意識高い系という人種をご存じでしょうか。今ではすっかり市民権を得た言葉なので知らない人のほうが少ないかもしれませんが、**「中身が伴わず、周囲からどう見られているかを過度に気にする人」**を私はそう呼んでいます。

巷でいわれるような「スタバでMac」も「カタカナ語を使いまくる」も、その行為だけを見ると別に何も悪いことではなく、実態とのギャップを見て「あいつ、意識高い系だよな」と皮肉を言われてしまっているだけです。

「(あいつは仕事ができないくせに)スタバでMacやっちゃってるよ」とか、「(あいつは英語しゃべれるわけでもないのに)カタカナ語ばっかだよな」など、カッコの中身が言わせている言葉のようでもあります。

行動しないかぎりは意識が高いも低いもない

では少し視点を変えて、**「意識高い系を揶揄する人」**はどうなのでしょうか。彼らは、スタバでMacやカタカナ語を使わないのかもしれませんが、そういった意識高い系の行動をしないのがえらいのでしょうか?

「意識高い系の人」も「意識高い系を揶揄する人」も、どちらにしても何も成し遂げていないのであれば、陰から石を投げるような行動をするよりも、意識高い系のほうがまだ救いがあります。理由は、重きを置くポイントがずれてはいますが、少しでも行動しているからです。

本書でも章として取り上げていますが、「行動をする」というのは市場価値を高めるうえで必須の事項、もっというと１番重要なことです。その**行動をしているかしていないかの差の分、意識高い系のほうが良い**ということです。

ただ、この差というのはわずかな差であり、どちらも改善点があるということには変わりありません。意識高い系は重きを置く場所、つまり考え方を変える必要がありますし、揶揄する人は揶揄に注力する意識もそうですが、何より行動をしなければいけません。

あなたがどちらにあてはまるかはわかりませんが、もし揶揄する側の人であれば、ぜひ「行動する」の章は必読です。

マインドセットは
すべての土台!!
ここをしっかり腹落ち
しないと、本章以降の
理解度が変わるよ!

Chapter

2

広く深く「学び」続ける

LEARN

LEARN

学びをやめると成長が止まる

凡人にとって「学習」は天才に打ち勝つための第一歩目を踏み出すこと

あなたは凡人が天才に勝つ方法を知っていますか？

先に答えを言ってしまうと、それは「**学ぶこと**」です。ここでいう学ぶとは、学校での授業のようなものではなく、行動・実践を伴い自分の血肉に変えていくという次元での学びです。

私は現在都内に住んでいますが、生まれは地方で、裕福な家庭で生まれたわけでもなく、両親も中学を卒業してそのまま社会に出て自営業を営んでいます。もちろん、仕事に対する姿勢など、人間として両親のことを尊敬していますが、家庭の中で「サラリーマン」としての勝ち抜き方を教えられることはありませんでした。

そういった環境で育ってきましたが、今は本業でも副業でも平均以上は稼ぐことができるようになっています。これは私に何か特別な才能があったからというわけではなく、**目の前の課題に対し、実践しながら学びを得てきたから**です。このような経緯もあり、凡人（私も含め）がエリートと渡りあう、打ち負かすための第一歩は学ぶことだと意識してください。そして、あらゆる公開情報にアクセスできるようになった今だからこそ、この傾向はより一層強くなっていきます。

私自身、環境のせいにして文句を言うような他責思考に陥っていたら、今この環境は手に入れられていません。「今置かれた環境の中で、何を学び、どう活かすか」、凡人が天才に逆転勝ちするためにはこれしかないのです。

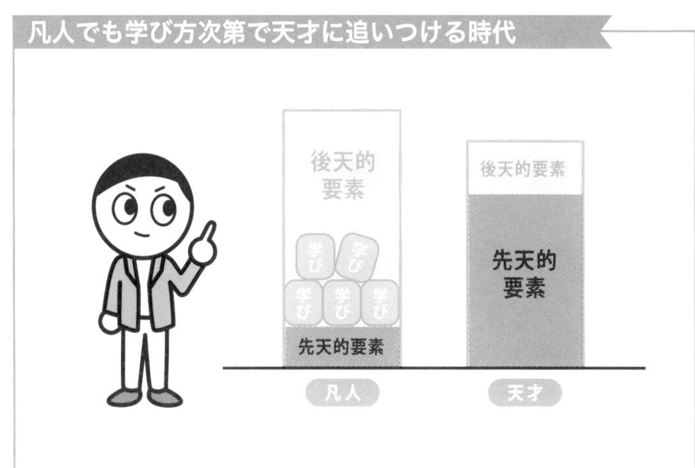

学びは水物、やめた途端に成長が止まる

学びの特徴として、「**し続ける必要がある**」というのがポイントです。もちろん学びをやめたからといって死ぬようなことはありませんが、**過去に学んできた内容にあぐらをかいていては、世の流れに置いていかれます**。それほどまでに、世の中は急速に変化をしています。

この話を聞いて、「学び続けるのか……」と落胆している場合ではありません。この「世の中が急速に変化していること」は凡人にとってみると、悲報でもなんでもなくむしろ朗報です。というのは、**新たな価値観や新たな事象が目の前に現れたとき、天才も凡人も「0」からのスタートとなる**からです。

こう聞くと、むしろ変化しない世の中のほうが逆転の難易度が高すぎて嫌になってきますよね。学びのスタートラインは好奇心です。ぜひ、苦しみながら学ぶのではなく、学んだその先を想像し、ワクワクしながら学びを進めていきましょう。

「インプット」はアウトプットを前提に

暗記するつもりで学ぶ

小学生に教える前提で学ぶ

小学生に教えるつもりで勉強しよう

あなたは何かを学ぶとき、何を考えどのようなステップで情報収集をしていますか？

人によって大きく方法は違うと思いますが、あることに気をつけるだけで情報収集の濃度や収集した情報の定着度が大きく変わるといわれたら、どのように感じるでしょうか。

ここでは、どのような学びにおいても共通する、より本質に根づいた考え方をお話しします。これから何かの学びを得ようと考えている人はぜひ押さえてください。

最強の学習法をひと言でまとめると「**小学生に教えるつもりで勉強する**」に尽きます。自分が学んだことを小学生でもわかるように教える……そんな心づもりが、あなたの学びを深く、濃くしてくれます。実際に、学んだことを小学生に教えるかどうかは正直どちらでも良いのですが、本気で教えるつもりで学んでみるということです。

この学習法を取り入れることで、あなたは「**❶原理原則を理解できる**」「**❷要点を理解できる**」「**❸学びが定着する**」という3つのメリットを手にすることができます。具体的にどのような効果があるのか、目標を「インターネットの仕組み」と設定した例で見ていきましょう。また比較対象として、普通の学び方を選んだ場合はどうなるかも比べて見ていきます。

❶「原理原則を理解できる」とはどういうこと？

ひとつ目のメリットが「**原理原則を理解できる**」でした。普通に学ぶ人も誰かに教える人も、同じ入門書を購入して学びはじめたとします。入門書なので、内容も初学者向けにかみ砕かれていて、序盤は順調に進みます。これは両者とも同じです。ところが、途中で理解しづらいところが出てきました。「URL」の項目で少しつまずいてしまいます。

ここで、両者に差が出はじめます。普通に学ぶ人は、「“URL”の役割や構造は少し理解しづらいけど、まあURL自体は使えるし、別に気にしなくて良いかな。次の項目は“DNSサーバ”だけど、あまり一般的には使わない用語だから大丈夫そう。ここで止まっていても仕方ないし先に進むか」と考えてしまいがちです。

たしかにこの人は、URLのことを何となくは理解しています。その反面、「わかっていない」というアラートが明確に脳に上がってきません。

Ⓐ 素朴な疑問に答えるには原理原則の理解が不可欠

一方、「小学生に教える」という自己ミッションを課した人は「なんとなくわかっている」という状態では「これでは教えられない」と考えます。教えるシーンを想像すると、「URLとは何か」から「なぜURLが必要なのか」など、**小学生が自然に疑問に思ったことを質問してきたときに答える必要がある**からです。

そうなると、単語やその意味といった表層的な知識だけでは対応できません。各項目の意味や役割の結びつき、時系列のものであれば、時間的なつながりやストーリーなど、そのテーマを取り巻く全体的な流れとその流れをつかむための原理原則を理解する必要があります。その結果、URL についてより深く学んでいくようになります。

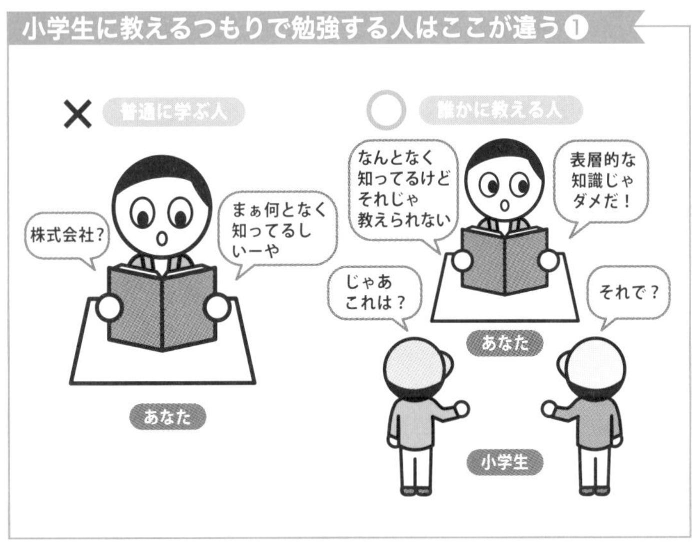

小学生に教えるつもりで勉強する人はここが違う❶

Ⓑ 長期的な視点で見れば楽になる

この説明に対して、「じゃあ結局“普通に学ぶ”よりも大変な作業をしているのだから、別に革新的じゃないよね。結局、“多く学べ”という根性論的なメッセージと変わらないんじゃないの？」という率直な感想を持つ人も多いかもしれません。

しかし、このやり方は長期視点で見るとむしろ楽になります。たしかに 1 個の単語の意味を学ぶより、10 個の単語を学ぶほうが 10 倍大変です。でも、この項目で力を入れるポイントは、ひとつの軸となるテーマ（この例だと URL）に関連する単語やストーリーだけです。個々のつながりを意識することで、まったく別の単語を覚えるよりも楽になり、各単語が有機的に結びつくことで記憶にも定着しやすくなります。

こうして原理原則に近い部分を理解すると、小学生にもわかりやすく教えることができます。また、小学生からの重箱の隅をつつくような質問にも対応できるようになります。**「小学生に教える」という仮定を置くことで、本質的な理解に近づける**わけです。

❷「要点を理解できる」とはどういうこと？

続いて２つ目のメリットは、「**要点を理解できる**」です。これも、普通に学ぶ人との差を見ながら見ていきます。次は「DNS サーバ」の項目を学ぶことになりますが、２人とも多少事前知識があるものとします。そうすると、普通に学ぶ人はさらサラッと読み進めてしまいます。

一方、小学生に教えるというミッションが待ち受けている場合、「ほぼ理解できている項目」についてもプラスアルファで考えるべきポイントが出てきます。それは、「**わかりやすく伝えること**」です。DNS サーバを URL や IP アドレスの前提知識がない小学生にどの順序でどんなたとえを交えながら、どういう例題を出しながら進めると理解してもらえるだろうかと考えるのです。

「**どの順序で伝えるとわかりやすいか**」を考えることで、何が要点で何が要点の捕捉的要素なのかを理解しようとします。

また、「**どんなたとえを交えるべきか**」を考えることで、別カテゴリの事象を重ねて要点やその構造を理解しようとします。結果として、その項目において何が１番重要なのか、要点をくっきりと理解することができます。

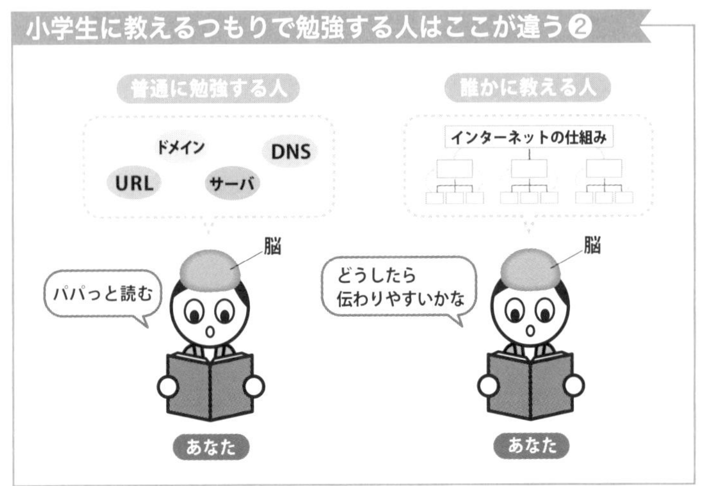

❸学びが定着する

　このようなプロセスで学びを得ると、その学びの定着率が高くなります。つまり、長く、深く覚えることができるということです。これが３つ目のメリット「**学びが定着する**」です。

「原理原則を理解できる」と「要点を理解できる」によって、物事を単語レベルではなく構造的に理解し記憶の定着が強くなるというのは、感覚的にも納得できますよね。

「他者に教える」の他者を小学生に設定することで、より原理原則・要点の理解を深めることができ、結果的に記憶の定着もより強くなる。

LEARN

「抽象化」することで普遍的な情報へ変換できる

情報を正しく暗記する

情報を上位概念に変換して理解する

学習意欲の強い人ほど陥る「勉強になった！」という罠

この本を手に取ってくれたあなたは、学びに対して貪欲な人だと思います。自身のビジネスに活かすために能動的にインプットを図ろうとしているからです。

ところが、実はそのようなインプットに熱心な人が陥りがちな罠があります。その罠とは**「勉強になった！」で終わる罠**です。あなたもこの罠に陥っていないか、今一度確認してください。

ここでは**インプットした情報をアウトプット（行動）できる状態に、上手に変換する方法**を見ていきます。インプットは得意だけどそこから行動に移すのが難しいなと感じる人は、しっかり押さえていきましょう。

マラソンのタイム別分布の謎

書籍や動画、対人関係の中で学びを得る機会はたくさんあります。あなたはそれらの情報をどのように脳内にストックしていますか？

ストック方法なんか意識していないという人が圧倒的に多いはずです。では「**良いストック方法**」とはどんな記憶方法なのか見ていきましょう。

「マラソンのタイム別の人数の分布」を見たことはありますか？

全参加者のゴールタイムを集計し、2時間0分から2時間5分の間にゴールした人が何人、2時間5分から2時間10分の間にゴールした人が何人……というように、等間隔の時間の帯の中にすべての参加者のゴールタイムを分布させたものです。普通に考えると山のような分布を形成しそうなのですが、実際は違います。

全体で見るときれいな山のようなグラフではなく、2時間55分から3時間0分、3時間25分から3時間30分、3時間55分から4時間0分のところに入る参加者が多く、等間隔で小さなピークが現れます。

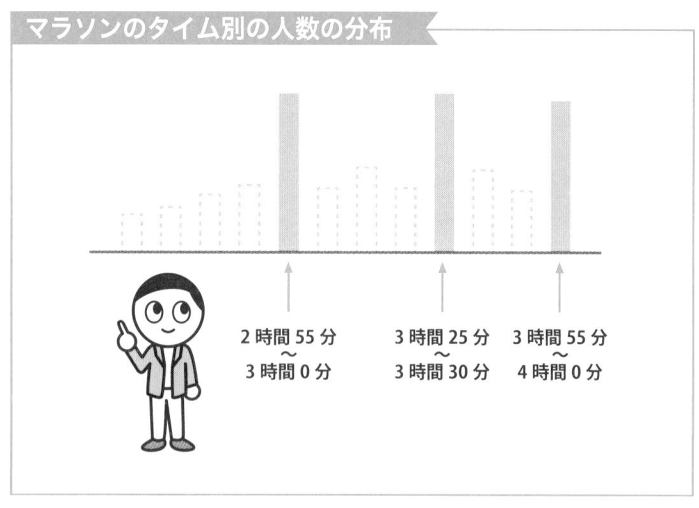

仕組みは簡単で、**人間はキリの良いタイムを切りたいと考える**ためです。マラソンのタイムは早いほうが良いのはあたりまえですが、2時間59分と3時間1分とでは雲泥の差のように感じるという心理です。

さて、あなたはこの話を聞いたとき、どのようにこの情報を処理したでしょうか。この情報を知ってあなたの知識の貯蔵庫にそのままストックする場合、その情報は「マラソンではみんなキリの良い数字を切りたいという思いから、分布が少しおかしな形状になる」というものとしてストックされます。これだと、飲み会の話題のひとつにするくらいしか利用用途がありません。

一方、「マラソンの話以外にも使える情報に変換できないか」と抽象度を上げた場合、ほかのテーマでも転用できる考え方が身につきます。たとえば、「参加者のタイムの分布がおかしな形状になる」で終わらせずに「**それってつまり？**」という問いかけをしていきます。

このように思考を深めていくと、先述のとおり「人間はキリの良い数字が好きっぽいな」という仮説が生まれてきます。**抽象度を上げることで、情報を普遍的に活用できる**ようになり、マラソン以外でもこの情報を活用することができるようになるのです。

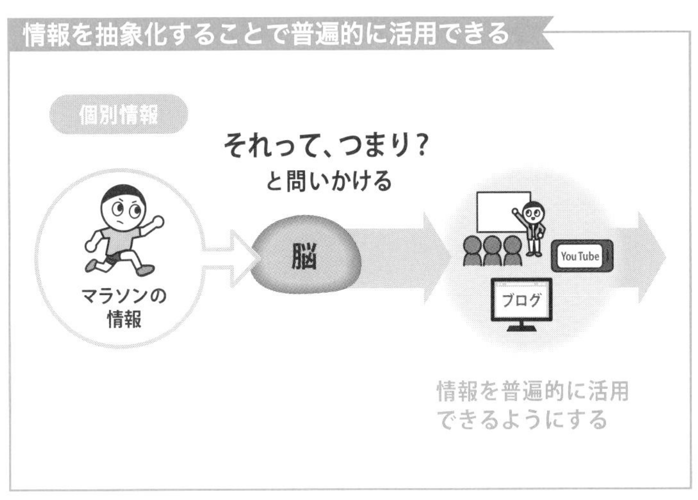

抽象化するためのポイント

まず重要なのは、インプット量そのものを多くすることです。「**インプット量**」と聞くと、読書や勉強のイメージを持つかもしれませんが、**1番効率が良いインプット方法は人と会うこと**です。人から情報を聞くとき、情報そのものに加えてその人の考えも聞くことができます。また、その場で質問をすることもできます。これは、情報の質をその場で、しかも無料で上げることができるということです。このあたりは、「人に会う」ことだけにかぎらずいろいろな方法を試して、自分にあった情報収集の方法を見つけていきましょう。

次に重要なのは「**インプットから示唆を見出そうとすること**」です。これはわかりやすくいえば「手がかりを見つけること」です。示唆を見出すポイントは２つです。

ひとつ目のポイントは、「**ってことは？**」を自分自身に投げかけることです。インプットされる情報に対して、意識しなければ「そのままストックする」という手法を取ろうとします。ここで、意識的に「ってことは？」を投げかけるようにしていきます。

２つ目のポイントは、「**これまで得たインプットと比較をする**」ということです。抽象化で行っている作業は個別事象から普遍的な法則を見つけ出すことです。法則を見つけるにあたっては、個別事象の材料が多いので、持っている情報をフル活用して情報の抽象度を上げていきましょう。

「それってつまり？」「ってことは？」を口ぐせにする。

LEARN

「アウトプット」するためにインプットする

情報を自分の中で
独り占めする

情報を自分の外へ
発信する

インプットして満足していませんか？

あなたはどういう方法で情報収集していますか？

ビジネス書を読み込む人もいれば、セミナーなどに参加して濃い情報を得る人もいると思います。このように情報収集に熱心な人はたくさんいます。

ところが、「**インプットした情報をどのように発信していますか？**」という質問に変えた途端、回答できる人の数はガクッと減ります。あなたはいかがですか。つまり、それほどまでにインプットで満足する人が多いということです。

「別にインプットできていれば、必要に応じてその情報を取り出せる」という意見もわかりますが、それでは、あなたが最近得た有意義な情報を友人や知人、家族にわかりやすく説明できますか？　これができない人は、「インプットで満足している」もったいない情報収集をしていることになります。

前節でもお伝えした「抽象化」と並び、ここでお話しする**「アウトプット」のスキルは、「インプットの効率を向上させる」大切なもの**です。

アウトプットしないとインプットした「つもり」で終わる？

なぜアウトプットがインプットの効率を向上させるかというと、**アウトプットしないことで脳みそが「自分に必要のない情報」と認識してしまう**からです。記憶力が良い、記憶力が悪いという能力的な話ではなく、人間の仕組みとして忘れるようにできているのです。

それを踏まえると、インプットで満足するということはただただ時間を無駄にしているようなものです。**情報収集は、その後の情報活用という目的のために行います**。活用する際に忘却するようなインプット作業は不毛です。アウトプットまでセットで行うことを肝に銘じましょう。

また、アウトプット前提で情報を集めることによってインプットの質も上がります。「別にアウトプットする気はない」という意識でいると、読書であればダラダラと読みすごしたり、セミナーであればウトウトしたりしてしまうかもしれません。あとで発信するという前提に立つと、疑問点は解消したくなり、なるべく読み逃さない／聞き逃さないように努めるはずです。

ただ発信すれば良いわけではない

アウトプット前提でインプットをしたとしても、発信する際には工夫が必要です。ただただ得た知識や情報を発信しても、情報を垂れ流しているにすぎないからです。工夫するポイントは大きく２つあります。

ひとつ目は「**要約をする**」ことです。**10得た情報を２や３という量で表現する**ように意識してみましょう。10の情報を10で渡すのであれば、読んだ本をそのまま渡したり、セミナーに参加してもらうことで代替できてしまいます。

あなたがインプットした意味、あなたがアウトプットする意味を持たせることであなたが付加価値を創出したことになります。とはいえ、要約は慣れていない人には難しいものでもあります。情報を体系化し、どこが重要でどこが重要ではないかを理解している必要があるからです。ただ難しいからこそ、あなたの思考は働きます。脳みそに汗をかいて要約をしていきましょう。

２つ目は「**自分自身の仮説を持つ**」ことです。先述したとおり、インプット情報をアウトプットするだけでは情報を横流ししているにすぎません。要約では「体系化する」という付加価値をつけましたが、もっと踏み込んであなたの仮説を盛り込みましょう。

情報に対して「**これって本当なのかな？**」とか、「ってことはこういうことが言えるのかな？」など、情報から示唆を見出し発信内容に加えることで、アウトプットのクオリティが上がり、あなたの記憶にも強く定着します。

「要約された情報」＋「あなたの仮説」のセットでアウトプットすれば、そこに「**あなたしか出せない付加価値**」が生まれます。

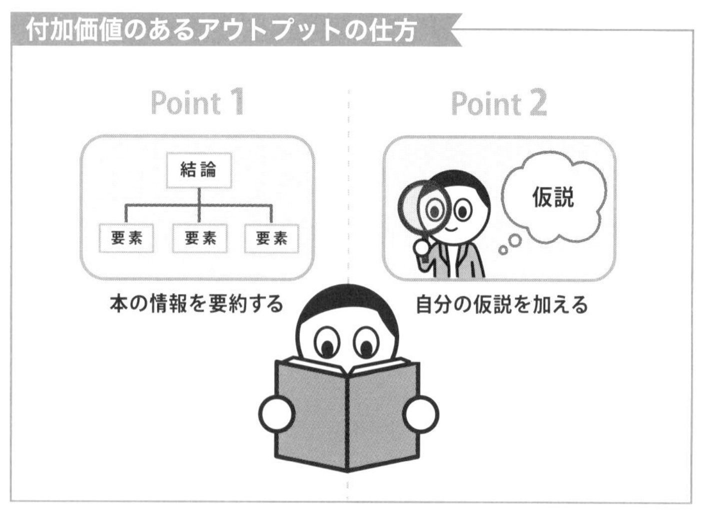

インプットだけで終わらずに、要約し、仮説を盛り込んでアウトプットをする。

LEARN

「評価」はアウトプットの最大のメリット。周囲からのフィードバックも利用する

とにかく多方面に
発信しまくる

適した場所へ発信し
フィードバックを得る

アウトプットすることで学びが深くなる

今、ビジネスマンの間ではあたりまえともなりつつある「アウトプットが大事！」という新常識。ですが、**「インプットだけでなくアウトプットもやるべき！」**という考え方はインストールできていても、「ただアウトプットすれば良い」という考えでは、その学習効果は半減してしまいます。

「何のためにアウトプットするのか」「なぜアウトプットすることがインプット効率を良くするのか」について考えれば、「アウトプットで止めてはいけない」ということは理解できるはずです。そこで、ここではアウトプットで満足している人に「その後気をつけるべきこと」をお話ししていきます。

「アウトプット」とは、文字どおり自分の中にインプットしたものを外に出す行動です。**手段というか媒体は何でもよく、友人や家族に話したりツイートしたりするだけでもかまいません。**

必ずしもブログやYouTubeなどで大々的に発信したり、大人数の前でプレゼンをしたりする必要はありません。自分の外に発信さえすれば、それは立派なアウトプットです。アウトプットの範囲の広さや高尚さというのは、そこまで気にしなくて大丈夫です。

アウトプットで得られる２つのメリット

アウトプットにはたくさんのメリットがありますが、なかでも重要なのが「**学びが深くなる**」ことです。今持っている知識を外に発信するという前提があることで、インプットの意識が大きく変わります。たとえば読書の場合、何も考えずに読むと何となく飛ばしてしまいそうなところも、「アウトプットするうえで知っておかないと」「ここが重要なポイントかもしれない」と考えるようになるわけです。

意識の変化は、既知の知識に新たな気づきを生むこともあります。普通ならインプットをするときにすでに知っている項目は飛ばしてしまいがちです。本であればすっ飛ばして次の章へいくこともあるでしょう。一方アウトプット前提で学んでいると、こうした既知の項目も一から学び直す気持ちになります。すると、当時のあなたとはインプットの中身が違うので、「あ、これって最近知ったあのことと関連性がある」とか「あー、あのときは丸暗記したけど、こういうことだったのか」など、新たな気づきが得られることも往々にしてあります。

アウトプットの最大のメリットはフィードバックを受けること

「インプットしたものをアウトプットする」という行動だけでは、アウトプットのメリットを享受できていない可能性があります。

「**❶インプットの意識が変わり、より深いインプットができる**」「**❷既知の情報に新たな気づきが得られる**」というアウトプットの２つのメリットを挙げました。これに加えてアウトプットにはもっと重要なメリットがあります。それは、「**❸フィードバックを受けられる**」ことです。

❶❷の２つのメリットは、アウトプットする前提で取り組みさえすれば得られます。結果的にアウトプットしたかどうかは問いません。しかし、３つ目のメリット「❸フィードバックを受けられる」には、実際に誰かほかの人に何かしらの形で伝えなければ返ってこないものです。秘密のノートやスマートフォンのメモアプリなど、自分だけが見られる媒体に記録するだけではこのメリットを享受することができないのです。

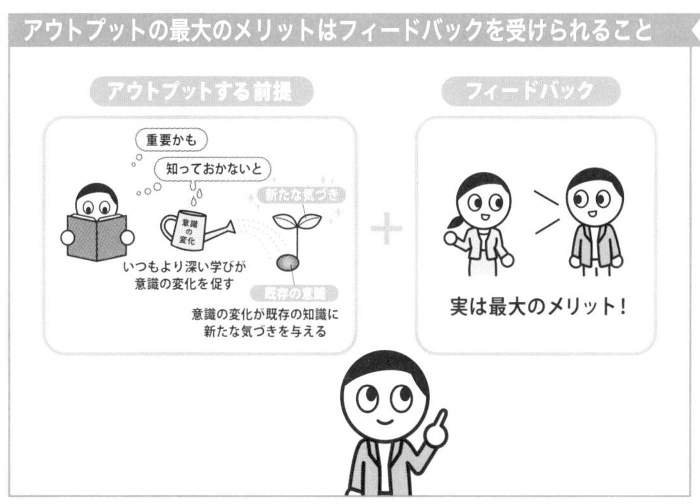

アウトプットにあわせてフィードバックの形も変化する

フィードバックの形は、アウトプットの形式によって変わります。友人や家族に話すなら、その場でのコメントや表情などがフィードバックです。ツイートなら、そのツイートにつく「いいね」の数やリツイートの数がフィードバックにあたります。または、リプライで直接コメントをもらうかもしれません。ブログやYouTubeなら、コメント機能や外部SNSでの拡散でそのフィードバックを受け取ることができます。

このように、自分の外に向けてアウトプットすると、その母数は変われど何かしらのフィードバックを得ることができます。もちろん**「無反応」というのも、ひとつのフィードバック**です。

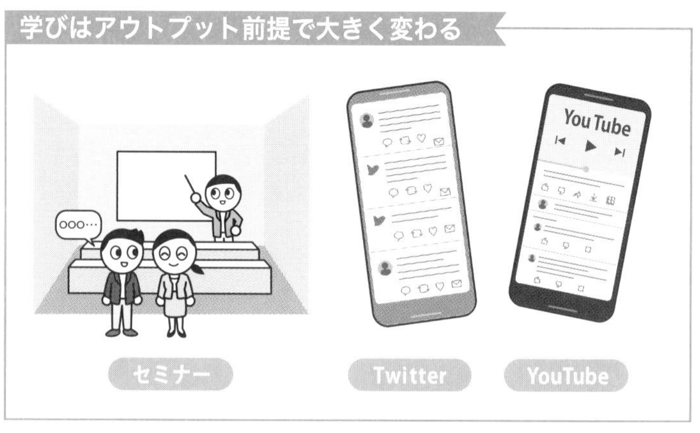

賞賛や感謝のコメント、いいねや高評価の数、賛同を意味する拡散などはポジティブフィードバックとして、反対のコメント、低評価数、反対を意味する拡散などはネガティブフィードバックとして、そして無関心という結果はニュートラルフィードバックとして、あなたのアウトプットを評価する指標になります。

フィードバックは思考を深める貴重な財産

では、このようなフィードバックを受けるとどのような良いことが起きるのでしょうか。

1番のポイントは「**自分だけでは発想できない気づきを得られる**」ことです。

育った環境や周囲を取り巻く人が違う以上、自分とまったく同じ考え方をしている人はいません。フィードバックを受けることで、いろいろな角度からあなたのアウトプットを検証できるわけです。

これは、自分自身の考え方を多様に深くしていくうえで貴重な財産です。

もちろん、**悪意のあるコメントや建設的でない意見を真に受ける必要はありません**が、自分の考えと大きく違った意見でも、建設的なものはしっかりと自分の考えと照らしあわせながらブラッシュアップしていきましょう。

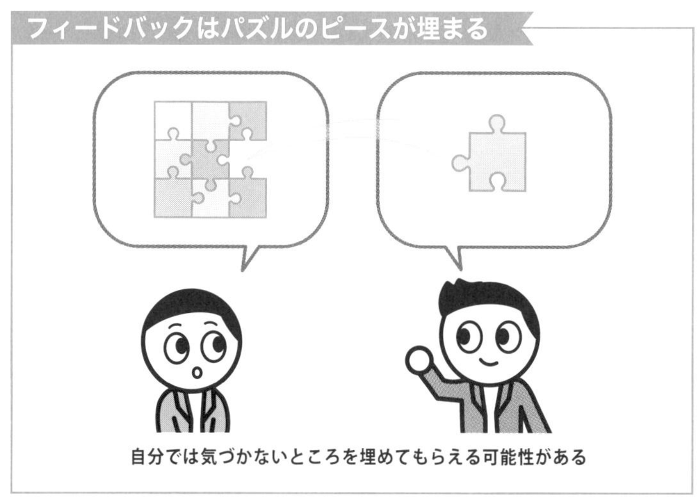

良いフィードバックをもらうには良い場所を選ぶ

このようにフィードバックをもらうことで、自分では考えつかない視点での気づきを得られることなどのメリットがあることがわかりました。

最後に、フィードバックをもらううえで気をつけておくべきこと・意識しておくべきことをお話ししておきます。

フィードバックをもらうときに最も意識すべきことは「**良いフィードバックをもらう**」ことです。

「いや、そんなのわかっているけれどコントロールできないだろ」とか「それができたら苦労しないわ」と思うかもしれません。たしかに良いフィードバックだけをもらう確実な方法はありませんが、あなたは重要なパラメータをひとつだけコントロールできます。「**発信する場所**」です。

発信する場所は完全に自分で決めることができます。誰に話すのか、どのSNSで投稿するのかなど、良いフィードバックを受け取ることができるよう、話す相手にあわせた話し方をしたり、投稿するSNSの流れにあわせた発信にしたりと、場所さえ選べばアウトプットのフォーマットはおのずと決まってきます。

やみくもにアウトプットするのではなく、得られるものを意識した場所で発信する。

— Column —

小学生より勉強していない大人

今でも勉強していますか？

あなたは今年、どれくらい勉強しましたか？

「勉強」というと少し抽象的なので、あえてここでは「**自己研鑽のためにインプット、抽象化、アウトプットをし、フィードバックを得る**」と定義します。

実は、日本人は大人になってからの勉強量が先進国の中でもワースト１位といわれています。学生のころは普通にやっていた勉強、なぜ大人になるとやらなくなってしまうのでしょうか。この原因はいくつか考えられますが、「別にやらなくても何となく生きていける」からというところでしょうか。資格試験など、会社から課された試験に向けては何とかがんばっては見ても、自己研鑽という中長期的なスキルアップを今日してもしなくても、明日の業務には大きくは影響しない、そんな思いがあなたの勉強を阻害しています。

「みんなやっていない」から「やれば差をつけられる」

「毎日何となくすごし、日々を何とか生き抜く」という目線は短期的すぎるので、あなたの成長を阻害します。と、ここまで説教臭い言葉を並べてきましたが、ただ「やれ！」といっても「じゃあやるか」となる人は少ないでしょうから、勉強のメリットを挙げていきます。そのメリットとは、**周囲に圧倒的な差をつけることができる**ということです。

「日本人は大人になると勉強しなくなる」というのがまさにこれを裏づけています。周囲がやらないということは、やるだけで差をつけることができるということの証左です。

特に今は情報取得のハードルが低くなっています。情報が公平に行き渡る世の中において、差をつけるのは「**学習量**」と「**行動量**」です。もちろん、マインドセットのところでもお話ししたように「量」だけにフォーカスするのはいまいちですが、やれば勝てる（勝ちやすくなる）ということはぜひ頭に入れておいてください。

Chapter

3

「思考」は装飾品ではなく武器である

THINK

思考を武器にせよ！

思考法を収集する

思考法を活用する

思考法コレクターになってはいけない

Chapter3では、ビジネスのシーンで活躍するあらゆる思考法を具体例とともに見ていきます。ただし、この章を読み進めるにあたって注意していただきたいポイントを先にお話しておきます。そのポイントとは、**「思考法をコレクトする（集める）だけの人になってはいけない」**ということです。

あなたの周りに、コレクター気質の人はいないでしょうか？　コレクターとはいっても、プラモデルやフィギュアといった実在する物のコレクターではなく、思考法など知識のコレクターです。思考法などの知識を貯め込み、「ロジカルシンキングとはこういうものだ」であるとか「ラテラルシンキングとはこういうものだ」とドヤ顔で語る一方で、いざそれらを使うビジネスシーンになるとアワアワしてしまうような人です。

これはシンプルにダサい振る舞いですが、思考法などの少し高尚な知識を得ると、一定確率でこのようなことをしたがる人材ができあがります。次節からいろいろな思考法を紹介していきますが、単なる「思考法コレクター」にならないように注意してください。いえ、もっと厳密にいうと、「思考法」を「コレクトする（集める）」こと自体は問題ないですが、「それで満足する」ということにはならないように気をつけましょう。

「思考を武器にする」って、どういうこと？

人間が考える生き物である以上、古代から思考というものそれ自体は存在してきたはずです。存在してきたというよりも、たくさん生まれ、たくさん滅んできました。Chapter3で取りあげる思考法は、あまたある思考の中でも生き残ってきたものですが、生き残る思考と滅んでしまう思考はいったいどこに差があったのでしょうか。

それは、**「有用性の差」**だと考えています。生き残ってきた思考法は、ビジネスにおいて、コミュニケーションにおいて、生存していくのにおいて、**「使ったほうが良い」**と評価されてきたものです。つまり、思考を学ぶということは、先人たちが行ってきた「思考法を使ってみた」というたくさんの実験を経て立証された「確からしい考え方」を手っ取り早く手に入れることができることを表しています。

これが、「思考を武器にする」ということです。知っている思考法の数を自慢するようなレベルでは、その意義を活かすことはできません。ぜひ思考法を学んで、**「実践して血肉化（けつにく）」**していきましょう。

THINK

「MECE（みーしー）」モレもダブりもなくす考え方

思いついた販促策はまず実行する

考えられる案の中でもっと効果的な販促策を実行する

そもそも「ロジカルシンキング」とは何なのか？

ここのテーマでもある「MECE」の解説の前に、ロジカルシンキングとは何かについて、触れておきます。ちゃんと理解できているという人も、復習を兼ねてぜひ読んでみてください。

ロジカルシンキングとは、**「論理的思考」**と表し、物事を論理的・体系的に整理し筋道を立てて考える思考法のことです。

ひと言でいってしまうと、「ふ〜ん」という感じですが、**物事Aと物事Bの「因果関係」や「包含関係」を整理すること**が重要です。

因果関係でいくとよく原因と結果で表されますが、Aが起きるとBが起きるのか、それとも、Bが起きるとAが起きるのか、はたまた、AとBの間には因果関係がないのか、そういったことを考えていく必要があります。

雨が降れば傘を差しますが、傘を差したからといって雨が降るわけではありません。これはかなり日常生活に近い簡単な例ですが、ビジネスの世界になると途端に因果関係を考えられなくなる人がいます。

もうひとつの包含関係については、Aという要素の中にBがあるのか、Bという要素の中にAがあるのか、それともAとBの間に包含関係は存在しないのか、そういったことを考えていく必要があります。たとえば、売上の例なら、販売チャネルで分ければ、店舗での売上とネットでの売上が全体の売上に含まれるという関係性です。こちらも、この例だとあたりまえのことをいっているようですが、ビジネスの現場になると整理できない人が一定数存在します。

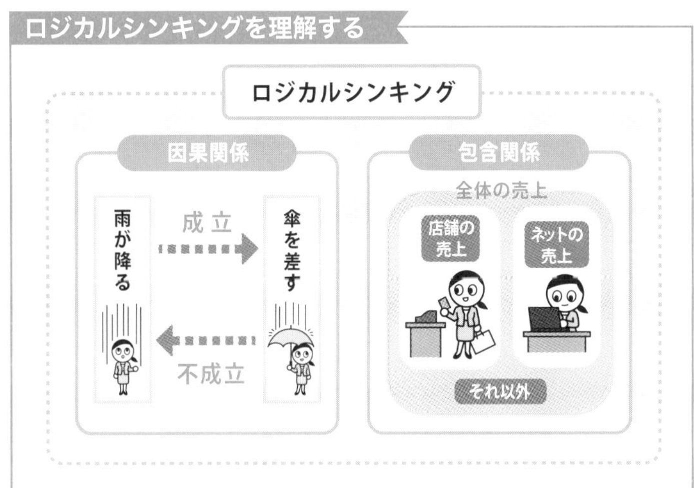

ビジネスの現場でよく聞く「MECE」とは何なのか？

ここからは「MECE」について見ていきます。普段忙しく働かれているあなたは、会議などのシーンで「MECE」という言葉を聞いたことはあるでしょうか。意識高い系が使っていそうなカタカナ用語ですが、そういった表層的な印象とは裏腹に、あなたの思考を深めていくうえで非常に重要な概念です。

MECEとは、"Mutually Exclusive, Collectively Exhaustive"の略で、**「モレなく、ダブりなく」**という意味です。物事を考えるにあたってモレがないほうが良い、ダブりがないほうが良いというのは何となく想起できるかもしれませんが、こと論理的思考を進めていくにあたっては、すべての物事が「モレがない状態」かつ「ダブりがない状態」であることが前提になっています。つまり、モレがある状態やダブりがある状態というのは、これからお話する論理的思考を使う前準備ができていないということになります。つまり、**MECEであることは、優秀なビジネスマンにとって「大前提」**ということを意味します。

では、MECEな状態、逆にMECEではない状態とは具体的にどういった状態なのでしょうか。たとえば野菜を列挙していく会議があるとします（そんなことをしている会議はないと思いますが)。

ここで、「大根」「ピーマン」「根菜」「きゅうり」と4つのものが併記されていると、あなたは何かムズムズとしたものを感じないでしょうか。

ムズムズした人はビジネスセンスが良いかもしれません。というのも、この列挙のしかたは「MECE」ではないからです。

結論からお伝えすると、違和感の要因は「根菜」にあります。「なんで？　根菜も野菜じゃん！」となる人もいるかもしれません。「根菜」は、名前に「菜」があるとおり野菜です。ところが列挙されたほかの野菜を見ると、「大根」「ピーマン」「きゅうり」と個別のものが並んでいます。そこに「根菜」という、野菜のサブカテゴリが並ぶことで、粒度（りゅうど）（データの細かさを表す指標）がまちまちなものが横並びになっています。「根菜」というサブカテゴリとその「根菜」のひとつである「大根」が同じ扱いになってしまっています。これは、ダブりがある状態です。

ここまでの説明だと「まあ確かにダブりがあるけど、何か悪いことでもあるの？」と思う人もいるかもしれません。この野菜の列挙が「自社でPRする野菜を決めよう」という目的だとすると、

「根菜」と「大根」のどちらが良いのかなど、わけがわからなくなってしまいます。

ビジネスは基本的には意思決定の連続です。語弊を恐れずにいうと、ビジネスのほとんどは意思決定でしかありません。そういった中で、**意思決定の基盤を揺るがすような「ダブり」がある状態で違和感を感じない人材は、優秀とはいえない**のです。

では、モレがあるというのはどういうこと？

一方で、モレがあるというのはどういった状況でしょうか。実は先ほどの野菜の列挙もモレが発生しています。たとえば、「キャベツ」はどうでしょうか？　4つの選択肢に入ってきていません。MECEの考え方に基づくと、「キャベツがモレている」ということになります。

もちろんこれは、かなり意地悪い重箱の隅をつつくような話でもあります。議題に４つしか挙がっていない場合、議論の参加者にとってはそれ以外の選択肢はすでに考慮ずみで、議題に上げるほどではないという可能性が高いです。でも**何かを列挙するときは、意識の中で「モレがないか」ということは必ず念頭に置く**必要があります。

「すべての選択肢を挙げることに時間を使って、それって本当に意味があるの？」と思う人もいるかもしれませんが、必ずしもすべての選択肢を議題に上げる必要はありません。もし議題に上げないのなら、参加者全員が「そのほかにも選択肢があるのは認識しているが、今回の議論では排除している」という共通認識を持っているのが大前提となります。

野菜の例だとわかりにくいかもしれないので、別の例を見てみましょう。

その案は思いつきの案か、それとも最適だと思う案か

たとえばあなたが「カフェチェーンの販売施策を考える」という指示を受けたとします。このとき、「割引をすれば良い！」とひらめきました。果たしてこの案は「良い案」といえるでしょうか。もちろん、割引施策が功を奏して売上が大きくなる可能性もありますが、それは「**思いつき**」の域を超えていません。

一部の裕福な企業を除き、ビジネスを推進していくうえで予算がかぎられています。つまり有限な投資元本を使って、なるべく打率の高い投資対効果のある施策を打つ必要があります。そんな中で「思いつき」の域を超えて、可能なかぎり打率を上げる検討を進める必要があります。むしろ、それぐらいできないとその人材に価値はありません。

詳細は「オプション思考」（Chapter3-04）のところでお話ししますが、可能性を広く考え、現状、最適な解を選択するというのがビジネスの基本になります。**思いつきの域から抜け、「こういう理由で選択した」と、説明ができるようになる**必要があります。

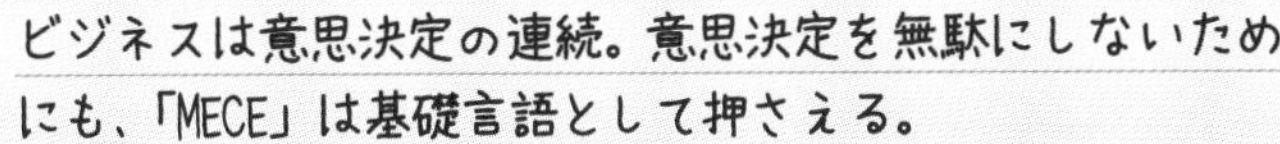

THINK

「ロジックツリー」ロジカルシンキングの強力な武器

感覚で捉える

構造で捉える

「ロジックツリー」は関連づいた項目が結びついて並ぶツリー

前節でロジカルシンキングの大前提ともなる「MECE」について学んだところで、ここからは具体的なロジカルシンキングを使ううえでの武器をいくつか紹介します。ここではそのひとつ、「ロジックツリー」について解説していきます。この「ロジックツリー」は、ロジカルシンキングを身につけていくうえで強力な武器となるというか、**知っておかないとロジカルシンキングはできないともいえる重要なツール**です。

ロジックツリーの基本形

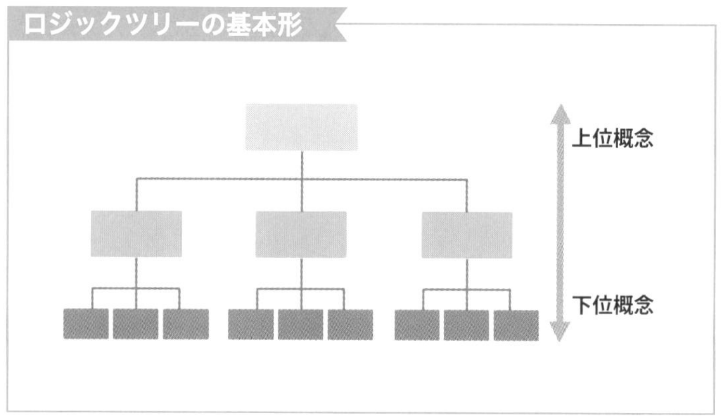

ロジックツリーとは、「ツリー」と名がつくように、ひとつの

幹から枝や葉っぱが伸びていく様子がひと目でわかるように図示されたものです。桜の木には桜の枝がつき、桜の葉っぱ、桜の花が咲きますが、このロジックツリーも、無関係のものを列挙するのではなく、**あるテーマに基づいた関連のあるものが並ぶ**ことになります。幹からいきなり花が咲くことがないように、ロジックツリーの各要素の結びつきには意味があります。直接関連のない者同士が結びつくことはありません。

ロジックツリーが課題の発見と解決をしてくれる

たとえば「カフェの売上」を考えてみた場合、売上は店内での飲食の売上もありますし、持ち帰り用の商品の売上もあります。店内での飲食の売上も、フードの売上とドリンクの売上に分けることができます。持ち帰りの売上も、飲食関連かタンブラーなどの小物なのかに分かれます。

これがロジックツリーです。

ここまで聞くと、「いや、分けてどうするの？」という声が聞こえてきそうですが、このロジックツリー、実はかなり万能で、

ビジネス課題を見つけるとき、そして**ビジネス課題の解決策を見つけるときに真価を発揮**します。

ビジネス課題を見つけるときは、ただ漠然と「売上が上がらない！」と考えるより、要素分解することによって、根本の課題や根本の原因を特定することができるようになります。またビジネス課題の解決策を探るときには、どの打ち手が1番有効で、採用すべき案なのかが見えてきます。このあたりは後ほど具体例を交えてお話しするので、ひとまず「**課題の発見と解決に役立つ**」ということを押さえてください。

ロジックツリーをどのように使っていくべきか

ここまで、ロジックツリーの概要から利用シーン、メリット、留意点を見てきました。ここで終わってしまうと、「ツールに詳しいけど使えない」という不幸なことになってしまうので、具体的な利用例を紹介しておきます。

仮にあなたがおもちゃ屋を経営していたとします。売上を上げていきたいと考えている設定で、このロジックツリーを活用していきます。

まず、売上は、「❶来客数」×「❷購入率」×「❸客単価」で表すことができます。これらの要素をもっと分解すると、「❶来客数」は「新規客数」と「リピーター客数」の足し算になります。「❷購入率」は分解が難しいのでここでは説明を避けるとして、「❸客単価」は、「購入アイテムの数」と「購入アイテム1点あたりの単価」で表せます。

このように分解することでどのようなメリットがあるのか、そして分解したあと何をすれば良いのかについては、次節「オプション思考」にてお話ししていきます。

ひとまずここでは、「一定のルールにしたがった、MECE な分解が必要である」ということを覚えてください。

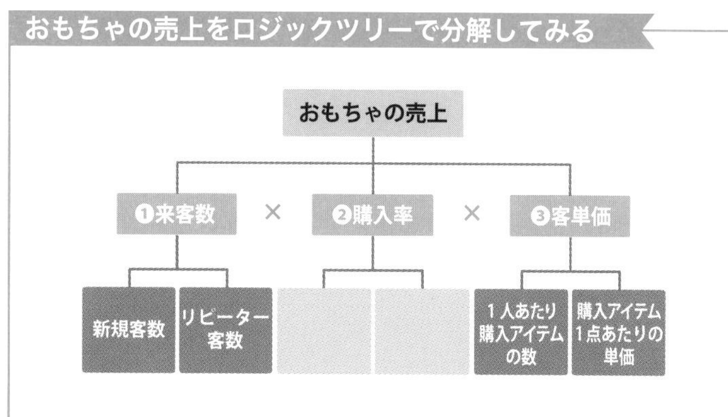

思いつきや勘に頼らず、ロジカルな意思決定に向けロジックツリーを活用しよう。

THINK

「オプション思考」因数分解で付加価値を生み出す

ロジックツリーをもとにもっと細分化してみる

ここでは、前節の「ロジックツリー」で分解した施策を評価し意思決定していくための思考法「**オプション思考**」を見ていきます。前節の復習も兼ねて、例を挙げてお店の売上を分解してみましょう。「お店の売上＝来客数 × 客単価」でしたね。

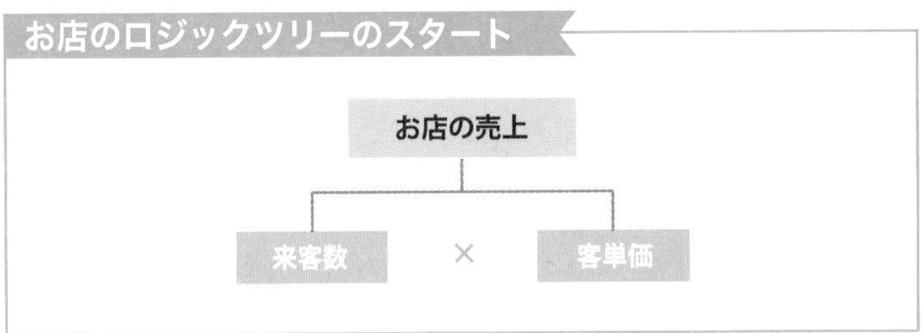

次に、これをもう少し分解してみます。

ところで、因数分解を覚えていますか？　一例を挙げると、次の式のようなものです。

$$X^2+3X+2 = (X+1)(X+2)$$

よくわからないやつ　因数　因数

この式では、左辺のよくわからない複雑な式を、「要するにこれとこれを掛けたものでしょ」という形に分解しています。この**「これとこれ」という２つの要素が「因数」であり、それらが左の「よくわからないやつ」を構成する要素だった**、ということを表します。

では、これを仕事にあてはめるとどうなるでしょうか。概念をつかんでいただきたいので、超シンプルに考えてみます。

たとえば「**お店の売上**」を因数分解すると、「**お店の売上＝来客数×客単価**」となります。これは、あたりまえですよね。さらに「**来客数**」を因数分解すると、「**来客数＝新規客数＋リピート客数**」となります（あくまで、ざっくり因数分解です）。また、客単価のほうも深堀りをすると、「**客単価＝購入アイテムの数×購入アイテム１点あたりの単価**」、となります。それをもとの式に戻すと、「**お店の売上＝（新規客数＋リピート客数）×（購入アイテムの数×購入アイテム１点あたりの単価）**」、となります。

ここまではよろしいでしょうか。実は、仕事ができる人はみんなビジネスの現場で因数分解をしています。

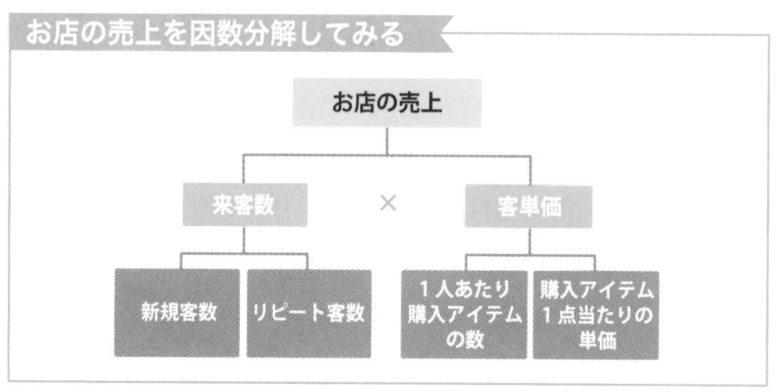

上の図を見て「で、なに？」と思う人もいるかもしれませんが、ここからは、ビジネスの現場において、タスクを分解することがどれだけ大切か、メリットを３つ挙げていきます。

❶ボトルネックを発見することができる

ひとつ目のメリットは、「ボトルネックを発見することができる」ことです。**ボトルネックとは、全体の能力や成果に大きく影響する問題**です。因数分解をすることで、このボトルネックを発見できます。

イメージが湧きやすいように、先ほど例に挙げた「お店」をカフェという設定にして考えてみましょう。このカフェは、売上面でライバル店に大きく差をつけられており、店主は「なんで負けているんだろう」と考えます。で、ライバル店へ視察に行くと、ひときわ目を引く新商品を発見します。これを見て店主は、「うちも新商品をつくって売りまくれば良い！」と考えて、新商品の開発に着手します。

ストーリーはこのあたりにして、あなたはこの店主についてどう思いますか？　行動力があってすばらしい！　と思うでしょうか？

私がもし彼のお店のコンサルをするなら、「短絡的すぎるので少し整理しましょう」と因数分解を勧めます。

たしかに、開発した新商品があたってライバル店の売上を追い抜く可能性もゼロではありません。逆に、全然あたらない可能性もあります。カフェは経営したことがないので、カフェビジネスの肝はわかっていないのですが、少なくとも、この店主のアプローチはあまり筋が良くないことはわかります。ここでのテーマでもある「因数分解」をせず、新施策を自分の感覚に頼り切っているからです。これは、ある種のギャンブルともいえます。

この問題に対しても、先ほどお話しした簡易な因数分解を使ってみます。使う式は「お店の売上＝（新規客数＋リピート客数）×購入アイテムの数×購入アイテム１点あたりの単価」です。

そして、ライバル店をもう少し詳細に見ると、新商品も出してはいましたが、お店の中でいろいろな工夫をしていました。たとえば、客の店内の導線を考え、レジ近くの手を出しやすいところに新商品にあうお菓子を置いていたり、購入済みのレシートを1週間以内に持ってくると割引をするといったものです。

そう考えると、因数分解したなかでも**「新規客増」は新商品**で、**「リピート客増」はレシート割引施策**で、**「購入アイテム数増」はレジ前のお菓子**で、こんな風にいろいろな工夫をしていることがわかります。また、客の動きをつぶさに見ていくことで、それらの工夫、つまり因数が、最終的なお店の売上にどの程度影響しているかもわかります。どこに力を入れると効果的に売上を上げることができるのか、逆に工夫をしてもそこまで効果が得られないものが何かが見えてきます。

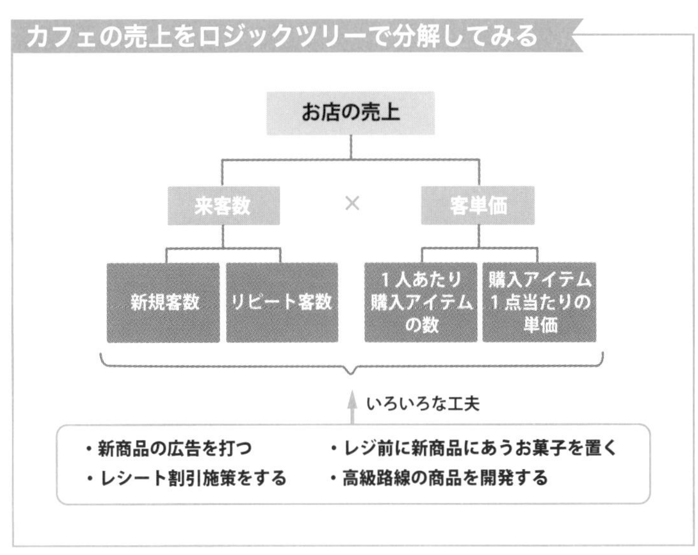

このように因数分解しておけば、店主の感覚で新しい施策を打

つというギャンブルを避けることができます。冷静に**「1番売上に影響する要因」**を洗い出したうえで、かなり効率的かつ成功率の高い施策を打ち出せる可能性が高くなるのです。

因数分解は構成要素さえしっかり洗い出せれば、打ち手を考えるうえでのボトルネックをつかむことができます。

❷目標設定が明確になる

因数分解をするメリットはこれだけではありません。こちらも先ほどの例で見ていきましょう。

カフェの店主が仮に因数分解ができて、ライバル店の施策をすべて自分の店舗でもやってみるとします。ここで問題になるのが、カフェ経営はずっと続いていくということです。効率的な経営を目指す場合、それらの施策を今後もやり続けるか、それともやめてしまうかを評価する必要があります。

そこで重要になるのが、2つ目のメリット「目標設定も明確になる」です。

因数分解できていない場合、「ただがんばろう」のような、あいまいな目標設定しかできません。**因数分解ができていれば、「新規客増については10%増」「購入商品数増については20%増」といった各因数に対して、明確に目標を設定することができます。**

あとで振り返ったときに、それぞれの取り組みがよかったのか、悪かったのか、悪かった場合はどのように改善すべきかが、より高い解像度で見えるわけです。

因数分解ができていない場合と比べると、その差は歴然です。**因数分解できていないと、「なんとなく売上が上がった」という、次に活かせない形での結果が出てくる**からです。

❸難易度の高いチャレンジの実現イメージがわく

３つ目のメリットは「難易度の高いチャレンジの実現イメージがわく」です。

私たちは、往々にして難易度の高いタスクは先延ばしにしてしまいます。それは、超複雑なものに取り掛かるよりも、別の簡単なタスクのほうが手を出しやすいからです。「**"難しそうなやつ"はとりあえず無視してあとで考えよう**」が積み重なることで、結果的にタスクを命じられた１カ月後に「着手すらできていない進捗０%」のようなことになってしまいます。

こういった問題に対して、因数分解が与える良い影響を紹介します。

難易度が高く、パッと見どこから手をつければ良いのかわからないタスクを与えられることは、会社員をしている人であれば、誰しも経験があるかと思います。むしろ、難易度の低いタスクしか与えられていない状況だと、そもそも期待されていないか、あなた自身のレベルにその組織があっていないか、いずれにしてもそこは離れるべきです。

話がそれましたが、このような難易度が高いタスクに取り掛からなければいけないシーンはあるかと思います。そこで「何から手をつけるべきかわからない」「考えるのも面倒くさい」となってしまうのは、「**仕事を大きな単位で捉えている**」からです。これに対しても、機械的で構わないので因数分解をしていきましょう。因数分解することで、この面倒くさいタスクが、ちょっと違った見え方になります。

面倒くさいタスクの中に「**課題の抽出**」「**ニーズの確認**」「**代替案の作成**」といった言葉が出てきたら要注意です。これらのある種定義の広い言葉は、その定義の広さからビジネスの現場で共通言語として使われがちです。たとえば「ニーズの確認」であれば、「誰の」「何に対する」ニーズなのか、商品ラインナップを豊富にしてほしい／エリアを大きくしてほしいといった量的なニーズなのか、商品自体のクオリティを上げてほしいという質的なニーズなのか、分解軸はさまざまです。

とにかく機械的に分解していくと、案外「まずはこれを確認して、そのあとはこれをやる、そうなると、先にあの部署に確認したほうが良いな」など、具体的かつ細かい、ある種**「取り組みやすいタスク」に分解する**ことができてきます。ぜひやってみてください。

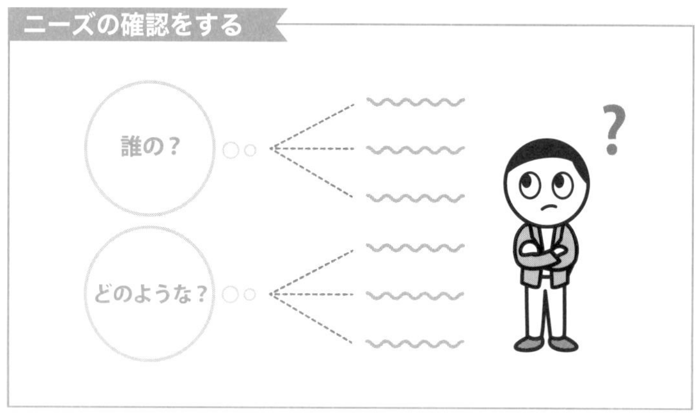

THINK 05

[仮説思考] あたりをつけて動き出す

いろいろな施策を
比較し検討を進める

外れても良いから
あたりをつけて動く

あなたは仕事が早いか？

突然ですが質問です。あなたは仕事が早いですか？　それとも遅いですか？　もしくはあなたの周りに、なぜか「毎回仕事が遅い」と思われている人はいませんか？

「**仕事が遅い人は、仮説を持てていない**」のかもしれません。「意思決定する際は、できるかぎり多くの情報を持っていたほうが良い」とか、「失敗は許されない、1度で成功を出すことが美しい」などと考えている場合、その考えが原因となって仕事が遅くなっていることが考えられます。

一見、できるかぎり多くの情報を得ることや失敗が許されないという信念は美しく見えますが、実はこういった考え方が結果的に仕事のスピードはもちろん、大事にしているはずのクオリティまで下げている可能性があるのです。

まずは、冒頭から繰り返している「仮説」について見ていきます。

プライベートでは自然に仮説を立てている

「仮説を立てる」というと、難しいことのように聞こえます。しかし、実は仕事で仮説を立てることができていない人も、プライベートではごくごく自然に仮説から入っていたりします。たとえば､ちょっと気になる異性（A さん）をはじめて食事に誘うとき、「この間雑談したとき、少し前に行ったイタリアンの話をしていたから、ちょっと有名なイタリアンにしようかな」と、自然に考えているはずです。これは、もう立派な「**仮説立案**」です。

しかし、それは A さんがたまたま知人に誘われて行ったイタリアンの単なる感想で、本当はお寿司のほうが好きかもしれません。そこであなたは共通の知人に、「A さんはイタリアン好きなの？」「A さんはどんな料理が好きなの？」などと聞くかもしれません。

もし、イタリアンが好きではなくて断られてしまったらすべてが台無しになってしまうので、それを知っていそうな人に調査しているわけですが、これはまさに「**仮説検証**」です。つまり、私たちはプライベートの世界では、ごくごく自然に「仮説立案」⇒「仮説検証」ということをやっています。

この「仮説立案」⇒「仮説検証」という方法論は、物事を進めていくうえでとても重要です。先ほどの例でいえば、「A さんは○○好きかな」「A さんは○○喜ぶかな」と食事としてあり得る

選択肢を一からすべて検証していくのは、そのほとんどの工数が無駄になるからです。

仮説を立てるというのは、"ここらへんかな"とあたりをつけることを意味します。あたりをつけることで余計な情報収集をする時間を省け、効率的にゴール（ここでいう「気になる異性と美味しく楽しく食事をする」こと）に近づいていきます。たまに、「すべての情報を洗い出さないと間違える可能性も大きくなるのではないか」という意見も聞きますが、間違えても問題ありません。**間違えていることがわかった瞬間に別の仮説を立てれば良い**だけの話です。そうやって仮説の精度を高めていくことでゴールに近づいていきます。

仮説の活用で仕事のスピードが上がる

ビジネスの世界になると、この「仮説立案」⇒「仮説検証」が途端にできなくなる人が一定数出てきます。たとえば、「新規施策を考える」という命題を与えられたときに、「まずはすべての情報を集めてみよう」「とりあえず手を動かしてみよう」のように、仮説ゼロで物事をはじめてしまう人が出てきてしまいます。ビジネスの世界では必ずすべてのタスクには締め切りがあります。そして、その締め切りに"余裕がある"というケースはそこまで多くありません。

私たちビジネスマンは常に時間との勝負をしています。そこで**この仮説を活用することによって、仕事のスピードを上げる**ことができます。特に変化の激しい業界では、スピーディに立案⇒検証のサイクルを回す力が威力を発揮します。そうは言っても、「ひとつの仮説に絞り込むことによって、網羅しきれなくなる気がする」とか、「間違えた仮説を立案してしまったら、それこそ時間の無駄」と考えてしまう人もいます。

まず前者については、有名な「パレートの法則」にもあるように、20%の重要なインプットが80%の成果をつくりあげるというのがビジネスの定説です。つまり情報を網羅しようとすると、**80%もの重要でないかもしれない可能性に対しても労力を使う必要があり、生産性が低い働き方になってしまいます**。

また、後者の間違えた仮説立案に対しての不安は杞憂です。間違えた仮説は、仮説を検証する中で「この仮説は間違えだ」とわかりますし、**間違いを理解することで次に立てる仮説の精度がグッと上がります**。

では、どうやって仮説立案と仮説検証をそれぞれ行っていけば良いのでしょうか。具体的に見ていきましょう。

アブダクションで仮説立案する

仮説立案は、「**アブダクション**」という考え方で行っていきます。アブダクションとは、よく「帰納法」「演繹法」と並べて解説される論理展開法で、アメリカの哲学者チャールズ・パース氏が提唱しました。**起きている事象に仮説をあてはめ、論理的に展開する技法**です。

具体例を挙げると、「黒い雲が多い」という現象を見て、「黒い雲は雨雲だ」という一般的な事実から、「雨が降りそうだ」という仮説を立てるテクニックです。

ウェーゲナーの大陸移動説や、ニュートンの万有引力も同様の論理展開で思いついたものです。こういった偉人を挙げると、「何やらすごいことをしないと」と思うかもしれませんが、このアブダクションをする力は普段の生活で十分に鍛えられます。

周囲で起きている現象に対して、ただその現象を「ふ〜ん」と

見すごすだけでなく、「自分が知っている一般的な事実」と結びつけて「ということは○○だな？」という発想を持つ癖をつけることが有効です。そのような訓練を積み重ねることで、いざ業務上の問題、たとえば「なぜ売上が下がっているのか」といった事象に対しても、発想が出やすくなります。日々の経験で、あらゆる因果関係を脳内にストックしていきましょう。

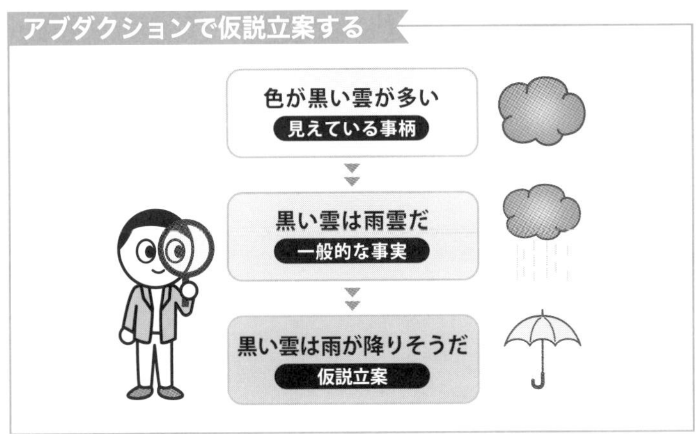

仮説検証は定量・定性の両面で行う

次に仮説検証を行います。**検証し、そして検証結果とセットで伝えないと、仮説は"思いつき"の域を超えません**。可能なかぎり「**定量・定性の両面で仮説を検証**」していきましょう。

直近のアンケート結果や売上データといった定量的なデータも、仮説がないと分析の取っ掛かりとなる切り口がつかめません。一方で、「Aというエリアの売上が低い」「Bという商品が売れていない」「リピート顧客が減っている」などの仮説があると、「その仮説が正しいか」という切り口でデータを見ていくため、効率的に分析を進められます。

定性面の仮説検証は、実際に販売現場に足を運んだり、関係者にインタビューをしたりする行動があたります。こちらも、仮説があるとないとでは結果は大違いで、仮説があるほうが、見るべきポイント・聞くべきポイントに焦点をあてて観察・ヒアリングすることができます。

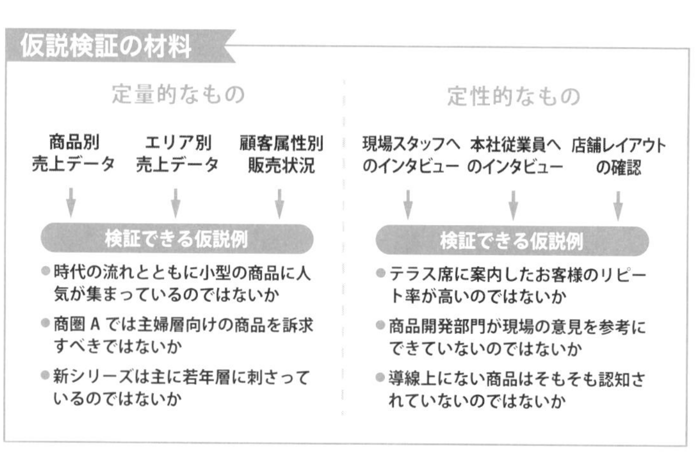

なお、**仮説検証の中で立てた仮説が間違っていることが発覚したときは、潔く速やかに仮説立案のステップに戻りましょう。**どうしても、人は時間をかけて自分が出した仮説には愛着がわいてしまいます。正当化するバイアスがかかって、仮説が正しくなるような事実を見つけにいこうとしますが、検証はあくまでもフラットに行い、“間違っていたら戻る”ことを徹底しましょう。

仮説が間違っていることは後退ではなく前進です。ひとつの仮説の可能性を消すことができたからです。

仮説が間違っていたら、次のより良い仮説立案のために大いに役立てる。

THINK

[数字思考]という最強の共通言語を使う

言語で話す

数字で話す

「数字に強い」ってどういうこと？

ビジネスの現場でよく使われる「数字に強い」という言葉。「あの人は数字に強い」とか、「君はもっと数字に強くなったほうが良い」とか、あなたも1度は聞いたことがありますよね。ビジネスにおける「数字に強い」という言葉は、小学校で習う算数の得意不得意とは少し違います。

ビジネスにおける「数字に強い」とは、**「数字と言語を相互に翻訳できる」**ことです。ひとつは、**無機質な数字の羅列から、「どういう共通点があるか」「どういう傾向があるか」というストーリーを導き出す**という、数字から言語への翻訳です。もうひとつは、**「経営がうまくいっていない」「新商品は好調」といったストーリーに対して、「数字で表すにはどのデータを使えば良いか」「そのデータをどう見せれば良いか」がわかる**という、言語から数字への翻訳です。この2つを自分の中でつくりあげるスキルや感覚のことを、「数字に強い」という言葉で表しているのです。

では、数字に強いとどういったメリットがあるのでしょうか。これについては、実は数えきれないほどあるのですが、ここでは、数字⇒言語、および言語⇒数字の双方向でひとつずつ、メリットを紹介します。

「数字⇒言語」の翻訳は“仮説立案力を強化する”

まず、数字⇒言語の翻訳がうまいと、**仮説立案が圧倒的に上手になります。**

たとえば、年度別の利益の推移の数字が年々下がっているのを見て、ただ単に「下がっている」と感じるにとどまるか、「特に2015年からの下がり幅が大きい、2015年から新たに行っているキャンペーンが上手くいっていないのでは？」などと、ストーリーをつけることができるかの差です。結局、両者とも「下がっている」ということを理解はしていますが、前者の場合、下がっているという課題に対する打ち手までは想起できていません。

一方後者は、立てたストーリーが打ち手を考える材料（すなわち仮説）になります。**数字を言語に変換し意味を持たせることは仮説を立てることと同じことで、仮説があるから打ち手が見えてきます。**この例でいくと、2015年の利益を売上とコストに分解してみたり、キャンペーンの効果測定のデータを見たりと、今後新たに行う施策に必要なインサイト（気づき）を得られる可能性が大いに高まります。

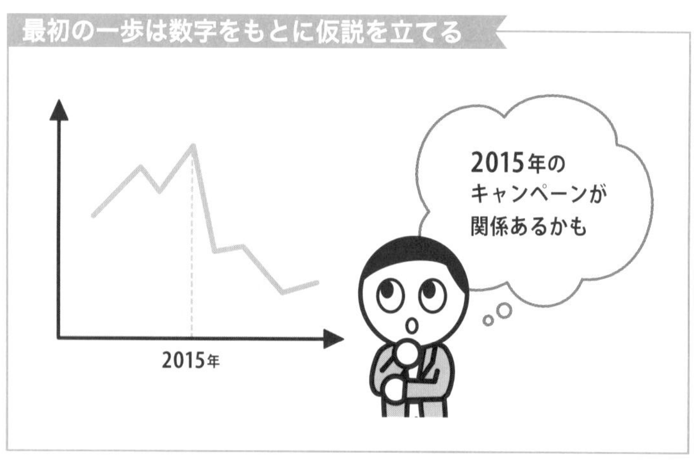

「言語⇒数字」の翻訳は"説得力を強化する"

続いて、言語⇒数字の翻訳が上手いと、どういったメリットがあるのでしょうか。最も大きなものとしては、**プレゼン・説明の説得力が向上する**ことです。

たとえば、所属している部署に「若い女性層の売上比率を上げる」というミッションが与えられているとします。このとき、施策を行うための予算を勝ち取るには、「若い女性をターゲットにするべきだ」という"意識"を上層部に持ってもらう必要があります。これが、本節でいう「言語」です。「言語を数字に変える」とは、若い女性をターゲットにすべき根拠を数字で示すことなのです。ビジネスの現場では、こうした行動を「**定量的に示す**」といいます。

プレゼン時には、若い女性の自社商品カテゴリへの興味・関心が高まっているというデータであったり、若い女性顧客を取り込むことで得られる副次的効果（SNSの拡散力であったり、一緒に若い男性人気も上がりやすいなど）のデータをあわせて提示します。こういった数字をプレゼンや説得に取り入れることで、聞き手は「この話し手は、思いつきで言っているわけではなく、し

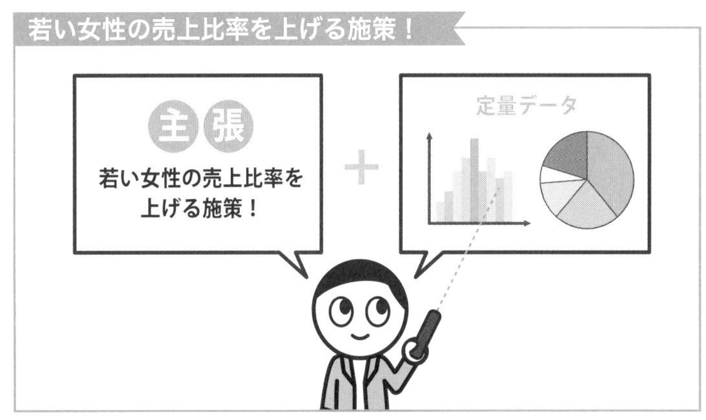

っかりと客観的なデータをもとに、“若い女性をねらえ”ということを示しているな」と、納得感が増します。

数字力を高める2つのトレーニング

ここまで「数字に強い」ことのメリットをお話ししてきましたが、実際に数字に強くなるためには、何をしたら良いのでしょうか。「数字に強くなる」と聞くと、算数などの計算力を強くしたほうが良いの？　という捉え方もあるかもしれませんが、この力が活かせるのは計算という部分的なフェーズだけです。もっと根本的なレベルで、自分自身に数字を浸透させる必要があります。

そこで、数字力を高める方法、自分自身に数字を浸透させる方法を2つ紹介します。どちらも、ビジネス／プライベートの両方で実践できるトレーニングです。

❶ 会話に数字を織り込んでみる

ひとつ目の方法は「**会話に数字を織り込む**」です。

たとえば部長に、「あのプロジェクト、順調？」と聞かれたとします。この質問に対して、「順調です」とか「あんまりうまくいっていません」といったふんわりとした内容をこれまで伝えていた人は、この回答に数字を織り込んでみましょう。全部で3ステップあるうちの1番目は完了し2番目で止まっているなら、「3つの工程のうち“1”まで完了しています」とか「進捗は約30％です」といったように、定量的な数値で回答してみるのです。

このように、**数値で回答することを心がけることで、あなたの脳みそが「言語を数値に変換する」という作業に慣れていきます**。結果として、プレゼンや説得をする際に、「どの数値を示すと説得力が増すか」という数字に強い発想を自然とできるようになります。

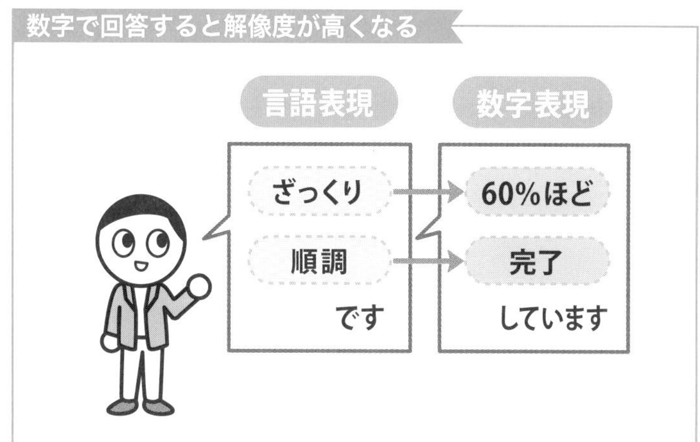

② **数字を使って推理してみる**

数字力を高めるもうひとつの訓練は、**数字を使って推理すること**です。ちまたで有名な「**フェルミ推定**」をする癖をつけると、圧倒的に数字に強くなります。

「フェルミ推定」とは、**実際に調査するのが難しい数値を、少ない手掛かりをもとに論理的に推論し、短時間で概算する**ことです。

よく、外資系企業やコンサルティングファームの面接試験で使用されています。「東京都内にタクシーは何台あるか」とか「日本で１日に売れるペットボトルの本数は何本か」といった、一見「わかるわけないでしょ」と思うような問題に対して、一定の仮説をもとに推算していくのです。このフェルミ推定を使って訓練をしていくわけですが、普段のトレーニングでは、例に挙げたような難易度の高い問題に取り組む必要はありません。もっと身近で、難易度も低い問題からチャレンジしていきましょう。

たとえば、昼食を食べに入ったパスタ屋で「その店の１日の売上」を計算してみたり、新幹線に乗っているときに「今日１日で東京から名古屋に移動した人は何人いるか」といったことを計算してみるのです。

フェルミ推定に慣れていない人は「1日の売上？」「移動した人数？」と、難しく感じるかもしれませんが、フェルミ推定は、慣れると徐々に解けるようになってきます。実際、私もフェルミ推定に出会ったときは、「絶対に解けるはずないでしょ」と思っていました。ですが、構造を理解することでいくつかのパターンに分けることができたり、賢い計算順序が存在したりと、実は定石のようなものがあります。

「フェルミ推定」の具体的な手法は、YouTubeで解説しているので、下記QRコードからご覧ください。

ハック大学 YouTube CHANNEL

フェルミ推定 大特訓

https://www.youtube.com/watch?v=8alEgBZb0Lo

このように、身近な材料でフェルミ推定を重ねていくことで、自分の中に数字の感覚が浸透していきます。少し時間がかかるかもしれませんが、取り組む価値はとても大きいので、ぜひトライしてください。

これ以外にも、数字に強い人材になるための方法、いわゆる数字力を鍛える方法はいくらでもあります。いずれにしても、ひとまず**生活の中に「数字」を組み込むことによって、数字をより身近に、使い勝手の良いツールとして体に浸透させる**ことができます。

そして、自分の中に数字が浸透してきたら、ぜひビジネスの現場で大いに取り入れてみましょう。言語しかない空間を数字で表現してみたり、数字しかないところから意味を見い出して言語化することで、物事を認識しそれを外に伝える能力は大きくなっていきます。数字力に文系や理系という概念はまったく関係ありません。ぜひこれらのポイントを押さえて、「**数字に強い人材**」になってしまいましょう。

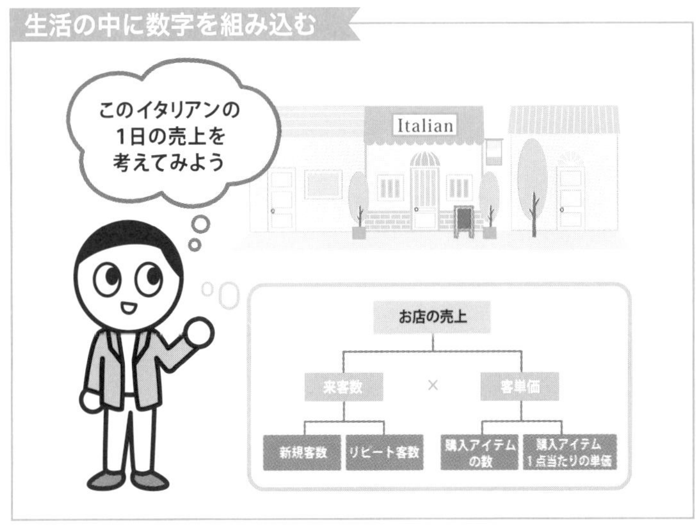

生活に数字を組み込むところからはじめる。

— Column —

こなした瞬間に思考は止まる

「頭が汗をかいているか」が成長の鍵

Chapter3 にかぎらず、**「思考停止は悪」**という論調でお話しをしてきましたが、こうやって聞くとほとんどの人が納得できるはずです。思考を止めて良いことはないというのは、当然のことだからです。ところが、いざ業務中の頭の使い方を振り返ってみると、思考が停止している人が多かったりします。

思考停止と聞くと、「何も考えないでボーッとすごす」といったイメージをしがちですが、実は一見できる人に見える振る舞いをしている人でも、思考が停止している人はたくさんいます。無思考かどうかというよりも、**「頭が汗をかいているか」という基準で見ていく**必要があります。

言うまでもなく、頭に汗をかいていない状態は思考停止している可能性が高いからです。

「こなしている」状態は早く脱したほうが良い

その最たる例が、「仕事をこなしている」人です。与えられた仕事をそつなくこなすというのは仕事ができる振る舞いに見えるものですが、「こなす」という領域に入っていると、周囲からいかに仕事ができそうと思われようとも、あなたにとってはルーチン化した難易度の低い「作業」を行っているにすぎません。

もちろん「こなす」というフェーズに入ること自体は、何も悪いことではありません。自分なりに工夫をして、当初は難易度が高かった仕事を作業化するという動きは生産性の観点で見てもやるべき動作です。**問題なのは、「こなす」というフェーズに留まり続けることです。**

ではどうすれば良いのでしょうか。

それは、仕事が楽な時期に、自分が「こなす」に留まっていないかを点検することです。仕事が楽な時期というのは、純粋に業務量が少ないということではなく、業務に慣れてきたフェーズに起きやすいものです。このときに「あー楽だ」「自分って仕事できるんじゃね？」と甘んじることなく点検をし、もし**「こなす」の領域に留まっている場合は、縦展開（難易度を上げる）、横展開（別の業務にも取り組む）できないか考えてみる**ようにしましょう。

難しい単語が
多く並んで
しんどかった人も
いつか「あ！こういう
ことか！」と点が線に
なるときがくる!!
踏ん張りどころ!!

Chapter

4

「行動」こそ凡人が勝つ手段

DO

DO

「考える」あなたが考え、それが起点となって行動する

凡人は行動しないと勝てるわけがない

いきなりですが、あなたの周りのすごい人を思い浮かべてください。思い浮かべたら、彼らがなぜすごいのかを言語化してみてください。「仕事ができる」「結果を出している」といった言葉が思い浮かぶかもしれません。でも、これだと少し抽象度が高いので、もう少し具体化してみると「営業スキルがすぐれている」「人心掌握がうまい」「プレゼンテーションがうまい」なんていう風になるかと思います。

あなたが彼らのことをすごいと思っているということは、今挙げたスキルにおいて、少なくともあなたの中では彼らよりも自分のほうが劣っているという認識があるはずです（もちろん私もですが）。そんなときに凡人が取るべき戦略はひとつしかありません。

その戦略とは、「行動すること」です。とてもシンプルです。行動をしないと見えてこないものがありすぎるため、凡人だから準備をしなくてはいけないという勘違いを捨てて、**凡人だからこそ行動をしなくてはいけない**という考えをインストールしていきましょう。

この1年であなたが「行動」したことを振り返ってみよう

「いや俺も／私も行動くらいしてるよ」というあなた、本当にそうでしょうか。この1年のあなたの行動を振り返ってみましょう。何かしら大きな実績を残したこと、何かしら人に影響を与えたこと、いろいろとあると思いますが、それらの行動の起点は何だったでしょうか。

その多くは「上司から言われたから」「締め切りに追われたから」など、**外部要因による強制力によって動かざるを得なかった**のではないでしょうか。もちろんそういった起点で行動することを否定するわけではありませんが、本書で語るものの多くは「**あなたが考え、それが起点となって行動する**」という意味での行動です。

Chapter4では**「行動をすることのメリット（＝行動しないことのデメリット）」「行動をする人になるための考え方」**など、あなたの脳みそを「すぐやる脳」にアップデートするヒントを散りばめています。

とはいっても、所詮ヒントでしかありません。本書が物理的にあなたの背中を押して行動させることは不可能です。あなたがこの章を読んで、**心から「行動すべきだ」と納得する**ことが必要不可欠なのです。

DO

行動によって思考を生み出す

入念な準備をしてから
はじめる

とりあえずはじめてみる

まず１歩目を踏み出す

いきなり質問ですが、あなたは何かに取りかかる際にすぐやりはじめるタイプですか？　それとも入念な準備をしたうえで取りかかるタイプですか？

あなたは後者を選びませんでしたか？　つまり、何か物事に取り組もうと考えたとき、まずは準備（それも入念な準備）をしたほうが、結果として良い物ができあがると考えるのが多数です。

この考え方は正しいように見えますが、この２択であれば前者のほうがより良い結果が生まれることが多いのです。とはいっても、実際に「すぐやったほうが良い！」と聞くとネガティブなイメージを持つ人が少なくありません。よく聞くのは、「猪突猛進して動き出すのは何も考えていない！」「しっかりと考えてから動いたほうが成功確率は高くなる！」という意見です。たしかに動きはじめは勢いだけで進むことになりますが、行動をしはじめたあとは目前の課題解決のために考える量はかなり多くなりますし、スタート前にあれこれ想像するよりも考える材料の質も変わってきます。つまり、**スタート前に想像するのと比較して思考の量と質の両面に雲泥の差が生まれてくる**のです。その仕組みについてお話ししていきます。

思考の量が増える仕組み

まず、すぐやることによって思考の量が増える仕組みを見ていきましょう。結論としては、行動をすることで考える量は明らかに増えます。なぜならば、その第１歩目を踏み出すと必ずといって良いほど壁にぶちあたるからです。そもそも設定した行動の難易度が低い場合であれば壁にあたらないケースもありますが、何かうまくいかなかったり想定とは違ったアウトプットが出てきたりと、何かしらの壁に直面するのが一般的です。

「なんだ壁にぶつかるのか、じゃあやっぱりダメじゃん」と思われる人もいるかもしれませんが、それはまったくの見当違いです。壁にぶちあたるのは**「なぜうまくいかなかったのか」「想定に誤りはなかったか」「どうすれば壁を超えることができるのか」**こういった大切なことを考えはじめる思考開始の合図でもあります。つまり、**「とりあえずやってみる」という行動の数が多ければ多いほど、思考の量は多くなる**ということです。

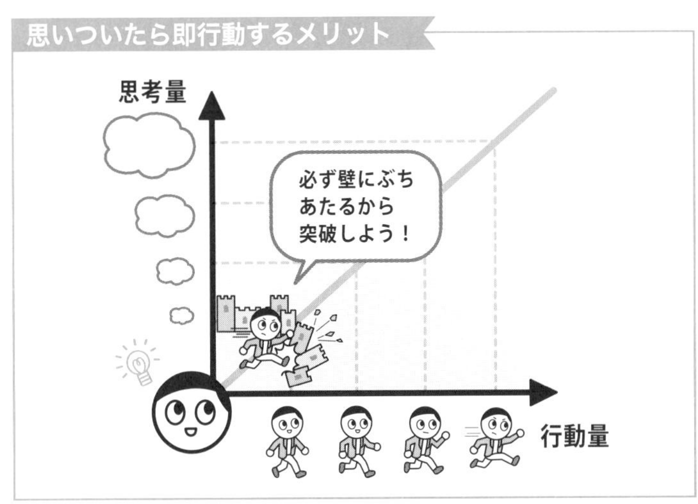

思考の質が高くなる仕組み

行動の量が思考の量に影響することは理解できましたが、思考の質も上がるというのはどういうメカニズムなのでしょうか。**行動をはじめずに準備をする人は「失敗しないように準備しよう」と考えることが多い**のですが、行動をしないかぎりこの「壁」を思い描く難易度は高くなります。理由は単純で、経験していないので「壁」を正確にイメージできないからです。結果として、入念な準備は的外れとなり、結局行動したあとに壁について考える羽目になってしまいます。

また、行動よりも準備を優先することによって「実はあまり気にしなくても良いような些末な事象」について時間をかけて検討してしまうデメリットもあります。杞憂とも表現されますが、結局行動していない人は「何を準備するのが有益か」も見えていないので、そもそも「準備しよう」と考えてする行動そのものにかけた時間が無駄になってしまうケースが多くなります。

いつか株式投資をしたいと考える人が、損するのが嫌で踏み込む勇気を持てないまま株式投資に関する本ばかり読んでいたり、

「やっぱり暴落するんじゃないのか」と疑心暗鬼になってその回避策ばかり考えて行動できない人もいます。時間は有限なので、**まずは行動し、「自分の目で見た課題」に対して集中して取り組む**ようにすることがここで求められる行動です。

「思い立ったとき」こそモチベーションがピークの状態

「ちょっと考えてから動きはじめよう」とか「検討しよう」という言葉は、言葉のうえでは前向きに見えますが、結局行動することを後ろ倒しにしているだけで「今考えることを放棄している」ことと同じです。

「思い立ったが吉日」という言葉がありますが、まさにこの言葉のとおりで、**思い立ったときがその行動に対するモチベーションがピークの状態**です。自分の中でそのモチベーションを寝かせてしまうと、時間が経つにつれ優先度が低くなりどうでもよくなってしまいます。

「寝かせてモチベーションが下がるってことは、時間とか関係なく、そもそもどうでも良いものなのでは？」という意見をもらうこともありますが、もしそうだとしても行動すべきです。行動してみて「やっぱ、どうでも良いか」となれば、そこでやめれば良いからです。少なくとも、「やっておけば成長するかも」「やっておけば事業が拡大するかも」という**チャンスに対してトライアルをしないことによる損失と比べたら気にしなくて良いレベルの時間コストにすぎない**のです。

すぐやることで思考の量が増え、質が高くなる。準備している暇はない。

DO

「着手」モチベーションが1番高いときに動け!

完璧主義的な思考を持っている

着手主義的な思考を持っている

「準備をする人」から「すぐ行動する人」へ

前節で「すぐ行動する人」と「準備をする人」の差を見てきました。すぐ行動する人のほうが多くの壁にぶつかることによって、思考の量が多くなり、見えてくる壁が鮮明なので、より思考の質が上がるというお話でした。

とはいっても、「準備しないと不安……」とか「これまでもそうやってきたし……」と思いますよね。ここでは、そういった「それでも準備をしたい！」というあなたに向けて、**考え方を変える実践的な方法**を紹介します。

紹介する方法は大きく２つです。「**❶完璧主義を捨てて着手主義をインストールする**」と「**❷小さな成功体験を積み重ねる**」です。

完璧主義は時代にあっていない？

最初の「**❶完璧主義を捨てて着手主義をインストールする**」についてです。

あなたは「完璧主義」に対してどのような印象を持っていますか？　仕事の面では「アウトプット（成果物）のクオリティにこだわりを持って取り組む」という良い印象を持ちます。

もちろん、自分の担当する仕事に対して質を最大限まで引きあげようという姿勢は素晴らしいのですが、完璧主義は今の時代のビジネスにおいては欠陥が多くなります。

完璧主義の持つ「質を最大限まで上げる」考え方が役に立つこともありますが、それは行動の最終地点あたりで気にすれば良いことで、行動の取りかかりでは邪魔でしかありません。

「準備をしないと１歩目が踏み出せない」というのは、成長の速度を考えると遅延を生む結果となります。

前節でもお話ししたとおり、「何を準備すれば良いのか」「どの項目を学習すれば良いのか」は、行動することではじめてくっきりと見えてきます。

少なくとも取りかかりの時点では、この完璧主義を捨て、代わりに着手主義という考え方を取り入れましょう。

取り入れるべき着手主義とは？

「**着手主義**」という言葉はあまり耳なじみのない言葉かと思いますが、これは完璧主義の対極にあるような考え方で、**完璧に準備する必要は一切なく「着手することがえらい！」**という考え方です。これだけだと「手段を目的化している！」という批判が挙がってきそうですが、これは取りかかりのとき「だけ」取り入れるべき考え方です。取りかかりはじめたら、自動的に課題がたくさん見えてくるので、1度やってみると、次からは「取りかかりのときに何か考えなきゃ」という思い込みはかなり薄まります。とにかく「**着手することが正義**」という発想でものごとに取りかかっていきましょう。

まず行動するために着手主義になる

成功体験を積みあげることによって心から「行動したほうが良い」と思える

もうひとつの方法は、「**❷小さな成功体験を積み重ねる**」というものです。これは行動のあとの結果の話なので、前述の「着手主義を取り入れる」よりも少し足の長い中長期的な取り組みになりますが、ぜひ取り組んでいただきたい方法です。

前節と本節ですぐやることのメリットを伝えてきましたが、まさに「百聞は一見にしかず」で、実際に行動をするとそのメリットを実感できます。「このメリットを、身を持って体感する」ということを繰り返していくと、脳に「すぐやらないと損する」という考え方が刷り込まれていきます。もちろんこれは、1回や2回の小さな成功体験では到達できない領域かもしれません。しかし、着実に脳みそはその経験を積み重ねます。

すぐ行動することからはじまる好循環（**脳が自然とすぐやることを推奨しはじめる ⇒ その行動から小さな成功体験が生まれる ⇒ 脳が成功経験を積み重ねる**）をつくりだしていきましょう。

意識を変えるのは簡単なことではありませんが、メリットを感じられれば行動のモチベーションにもなっていきます。

考え方を着手主義に変え、それによる成功体験を積みあげていく。

DO

「即行動」する人こそデキる人

どうすれば壁にぶちあたらないかを考える

どうすればリスクをコントロールできるかを考える

リスクは避けずにコントロールする

ここまで２節にわたって「動く」というテーマでお話ししてきましたが、本節では「すぐ行動する人」と「すぐ行動できない人」の考え方の違いを解説します。

本節を読んだあなたが「**すぐ行動する脳**」をインストールするための一助になればと思います。

しかし、考え方をインストールするというのは価値観を変えていくことにもなるので、実はハードルが高い取り組みとなります。少なくとも自分の頭の中で「確かにそうだ」と腹落ちしていないと、価値観を変えることは難しくなります。逆にしっかりと腹落ちしたうえで考え方を変えることができてしまえば、先ほどのハードルの高さが「前の考え方に戻るハードル」として立ちはだかります。つまり、「**すぐやれない自分に戻らない身体づくり**」ができるともいえます。

ここからは「リスクの捉え方」という点に絞り、「すぐやる人の頭の中」を整理していきます。考え方自体はそこまで難しくありませんが、本節を読んで「ふーん、まあ言っていることはわかるけど」となるのか、「よし、今日からはじめよう」となるのかは、今後のあなたが「すぐ行動する人」になれるのか、「すぐ行動できない人」になるのかを大きく分ける差なのです。

リスクの捉え方

まず、すぐ行動する人とすぐ行動できない人はリスクの捉え方が違います。具体的には、すぐ行動できない人は、リスクをすべて回避するという考え方を採ることが多く、「リスクは悪」の考えのもとに「壁にぶちあたらないためにどうすれば良いか」を中心に考えます。

しかし挑戦していない段階で、**挑戦したあとにぶつかる壁を把握することは困難**です。にもかかわらず、すぐ行動できない人は「Aというリスクが考えられるのでAの対策をしておこう」という形で「どうやれば壁にぶちあたらないか」という無謀な課題を解決しようとします。

もちろん、準備をすることは大切です。壁にぶちあたったときにあわてずに対処できる可能性があがるからですが、リスク対策は無駄になることが往々にしてあります。また、考慮していなかったリスクが発生した場合、準備した対策法は何も役に立ちません。準備をするな！　というわけではありませんが、そもそも**リスクをすべて回避するというのは無理**だということを理解しましょう。

一方、すぐ行動する人は「リスクはコントロールすべきもの」と捉え、リスクに直面すること自体は何も恐れていません。むしろ当然出てくるものだと考えています。つまり、何かしらの壁にぶちあたることそのものよりも、**直面したあとの振る舞いが重要**だと考えています。

こういった考えがあるからこそ、彼らは準備に必要以上に時間をかけません。準備をしないわけではなく、知らないうちにする準備のほとんどは無意味になりがちだということを知っているため、なるべく無駄な工数をかけないようにします。

そしていざ挑戦をすると、立ちはだかる壁の傾向はおのずと見えてきます。そこから、より明確で確実に起きるレベルのリスクの対策準備を並行して行います。**進みながら考え、考えながら必要な分だけ準備する**というマインドセットで動いています。

自分がどちらの考え方に近いのかを理解し修正していく。

— Column —

量か質か、どちらが重要か

昔から議論される「量か質か」問題

量か質、どちらが大事かという問題、よく聞きませんか？

SNS や、場合によってはリアルな会話の中でもときどきあがってくる人類にとっての大きなテーマ、「量か質か」問題について、私なりの持論を述べたいと思います。

この問題、なぜ何度も議論が繰り返されているのでしょうか？

持論ではありますが、「質を測るために、一定程度の量をこなすことが求められる」ということが原因なのだと思っています。どういうことかというと、「質を正しく測れる人」「質を正しく測れない人」が混在する中で、「質がすべてだ！」も「量がすべてだ！」も言い切ることができないということです。

凡人はまず量をこなす。けど……

ということで、私も含めた凡人がとるべき方針は**「まず量を！」**ということだと思っています。質を測る能力があるかないかがわからない状態で「質を高めよう！」といっても、ズレた方向に工数をかけてしまう恐れがあります。

ただ、注意してほしいことがあります。本書でも何度もお伝えしているように、**思考停止状態での量こなしは無意味**です。量を重ねていく中で、思考を止めないでください。といっても、難しい話ではありません。

量を重ねていく中で、外部（市場、友人知人、家族など）からのフィードバックをもらい、改善を重ねていきましょう。余裕がある人は、何かに取り組む前に仮説を立て、その仮説があっているか間違えているか、周囲の人たちを使って答えあわせをしていきましょう。

そうすることで、量に比例して（場合によっては指数関数的に）、質が上がっていきます。とにかく、質を重視するあまり、最初の一歩を踏み出せないというのが１番良くない状況です。

方針は、**「まず量」「けれども思考停止は避ける」**の２本です。

Chapter

5

ビジネスは「伝達」スキルが最重要

COMMUNICATE

「伝える」コミュニケーションスキルの鍛え方

ビジネスは交換で成り立っている

あなたは、会社員なのか自営業なのか、はたまた経営者かもしれませんが、何かしらのビジネス活動に従事していると思います。そのビジネスがどういった業界であろうと、**ビジネスというものは交換で成り立っています**。カフェを展開する企業は、コーヒーやデザート、またその環境を提供し、お金をもらいます。アパレルメーカーは、衣服やアクセサリーがその提供物になります。もっとも、B to C でなく B to B であっても、何かしらの価値提供に対する対価としてお金をもらうというモデルです。つまり、価値の交換でしかありません。

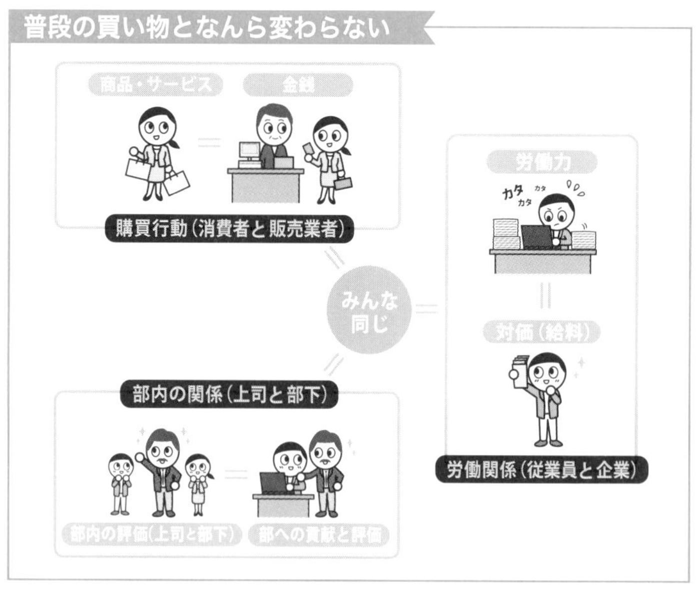

これらは企業と個人の間、もしくは企業と企業の間の話ですが、もっとミクロな視点で見ても、価値の交換が行われています。「所属する会社と個人の労使関係」も「労働力と給料」の交換ですし、「上司と部下」も「貢献と評価」の交換です。つまり、ビジネスマンにとって「**交換**」という概念は押さえておくべきで、交換につきものでもある「**コミュニケーション**」もまた、押さえておくべきスキルだということがわかります。

伝わらないと、意味がない

コミュニケーションスキルと聞くと面と向かった対話を思い浮かべるかもしれませんが、手紙やメールといった文章や Zoom、Teams といったオンライン通話でも大活躍します。特に昨今ではリモートワークが浸透してきており、チャットやビデオ会議など、遠隔であることが前提のコミュニケーションスキルが重視される傾向にあります。

コミュニケーションにおいて押さえておくべき考え方があります。それは、「**伝わらないと、意味がない**」ということです。何をあたりまえのことをいっているんだと怒られそうですが、「伝える」ということを軽視している人が多いと感じています。「メールしたから相手に伝わっている（はずだ）」「自分の考えを説明したから相手は理解している（はずだ）」など、自分本位な考え方は捨て、「**どうすれば理解しやすいか**」「**どうすればわかってもらえるか**」ということを掘り下げていきます。

むしろ軽視している人が多いということは、少し考え方を変えるだけで抜き去りやすいということです。コミュニケーションの本質について、ここではビジネスでよくあるシーンに掘り下げてお話ししていくので、ぜひ実行に移してみてください。

「説明❶」PREP法を身につける

プレゼンスキルとは異なるリアルなコミュニケーションでの「伝える力」

書店に行くと、「話し方の教科書」「伝え方のススメ」といった類の本が大量に売られています。なるほど、多くの人が「話し方」のスキルを求め、使う機会も多いことがわかります。

相手に「伝える」という行動は、ビジネスにかぎらず自分以外の人とコミュニケーションをする以上、必ず発生するわけで、注目を集めるのは当然といえます。逆にいうと**「伝える力」を1度身につけることは、仕事場でも友人との交流の場でも「デキる人材」に近づく**ことを意味します。

ただ、「伝える力」といっても、ここでは「大人数を前にしたプレゼンテーション」や「講演家のような話し方」という意味あいでの「伝える力」は取りあげません。なぜならば、大舞台でのプレゼンスキルとここでお話しする伝えるスキルは、そもそも種類が異なるからです。大舞台でやるプレゼンスキルは、どちらかというと舞台俳優のような演劇舞台でどのように振る舞うかというものなので、いってしまえば**「台本のある演劇スキル」**です。これらのスキルについてはChapter5-07の「プレゼン」でお話しするので、そちらをお読みください。

話が少しそれてしまいましたが、ここではよりリアルな会話において活きる、台本のないコミュニケーションのスキルについて見ていきます。私たちの会話のほとんどが、この「**台本のない会話**」でできています。

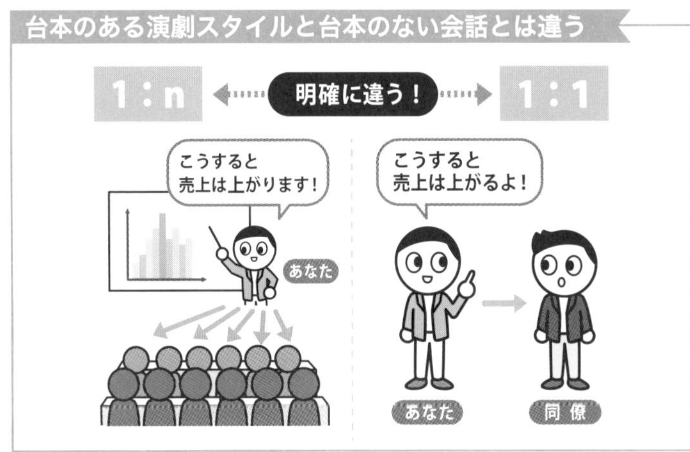

結論から話さないとどうなるか

では実際に伝えるスキルを身につけるべきポイントは何なのでしょうか。ポイントはいくつかあるのですが、ここでは主要なポイントのうちのひとつ目である「**結論から話す**」ということを取りあげていきます。

「結論から話す」というのは聞いたことがない人はいないくらいに有名な話です。文字どおり、「**話す順番として"結論"を先に持ってきましょう**」という話なのですが、なぜ結論から話すことが重要なのかを理解していただくために、具体例を見ていきます。

とある販売会社の話だとします。あなたはK君の上司だと思って、今から彼が言うことを聞いてみてください。

「今日取引先のZ店に行ってきました。で、うちの商品Aとライバルの商品Bの売上を比べてみたのですが、価格が高い商品

Bのほうがよく売れていました。担当の人に聞いたらライバル社は商品Bに販売報奨金をつけているのでいい場所に置かれているそうです。ってことで、商品Aの販売報奨金を主要店舗へつけるといい場所に置かれて売上が上がると思うのですが、どうですかね？」

さて、あなたはこの部下の話し方、どう思いますか？　内容はわからなくはありませんが、話し方としては0点です。人によってはイライラしてしまいそうな話し方です。

「結論ファースト」を意識するとこう変わる

では、K君が話した内容はそのままに、話す順序だけ変えてみます。

「商品Aについて主要店舗で販売報奨金をつけることはできないでしょうか。なぜなら、報奨金をつけると店頭のいい位置に商品を置くことができ、売上に直結するからです。たとえばZ店では、ライバル社が販売報奨金をつけた商品Bと当社の商品A

とでは明らかに商品Bのほうがいい位置に置かれ、売上にも大きな差が出ています。このような理由から販売報奨金をつけることを考えたいと思います」

いかがでしょうか。ほぼすべての人が、先ほどの話し方よりも聞きやすく、わかりやすくなったと感じるはずです。実はこれ、ビジネスの世界ではごくごく有名な手法でもある「**PREP法**」というものを用いています。

話の順番を整える魔法PREP法とは

PREPとは、P：Point、R：Reason、E：Example、P：Pointの4つの言葉の頭文字を取ったもので、この順序に話すことで聞き手にとってわかりやすくなるという魔法のような手法です。最初と最後のPは要点や結論、Rは理由、Eは具体例を示します。

つまり話の順序としては、「**結論**」「**その結論に導くための理由**」「**そしてその具体例**」「**そして最後に再度結論**」といった要領です。

これは、最初のうちは意識しないとできない方法論なのですが、この方法を繰り返すことで、結論を先に言わないと自分自身がなんだか気持ち悪くなるという体になってきます。最初はちょっとやりにくいかもしれませんが、ぜひ身につけてください。

COMMUNICATE

「説明②」必要な情報だけ短く話す

「知っていることはすべて話すべき」という勘違い

　前節に続き、わかりやすく伝える力を見ていきます。ここでは２つ目のポイント「短く話す」という手法をお話ししていきます。「短く話す」というポイントが重要であることは、聞き手の気持ちになったら何となくわかるのではないでしょうか。小学生のころ、朝礼の時間に校長先生の話が長くてとても聞いていられなかった思い出はありませんか？

　残念なことに、現実は話が長くなってしまう人がたくさんいます。そのような人に共通するのが、「**知っていることはなるべく多く伝えたほうが良い**」と考えていることです。「10知っていたら10伝えるのが良いことだ」と考えているわけです。

　これは重要に思える理屈ではあるのですが、実際には今あなたの目の前にいる人には５しか伝えなくて良いことかもしれませんし、極端な例では１で十分かもしれません。「いや、その５だとか１だとかはどう判断するんだ」と思うかもしれませんが、それは「**伝える目的**」を考えれば自ずとわかります。伝える目的、つまり、「**なぜ伝えるのか**」「**伝えてどうしたいのか**」で判断することが重要です。

相手の立場から話す内容を決める

人はなぜか知っていることはすべて伝えたくなってしまう習性があるようです。伝える際には、「なぜ伝えるのか」「伝えてどうしたいのか」を考え、**情報の内容を最低限にとどめましょう。**こういった話をすると、「伝える情報が不足していると困ることがあるのでは？」と思うかもしれませんが、これは杞憂に終わることが多いです。

なぜかというと、**「情報が不足しているポイント」や「細かい確認が必要なポイント」があれば、向こうから聞いてくる**はずだからです。必要な情報であれば聞いてくるのはあたりまえなので、聞かれたら答えるくらいのスタンスで大丈夫です。もちろんこれは、必要最低限の情報を伝えたうえでの話です。**何も伝えないまま待っているのはよくありません。**

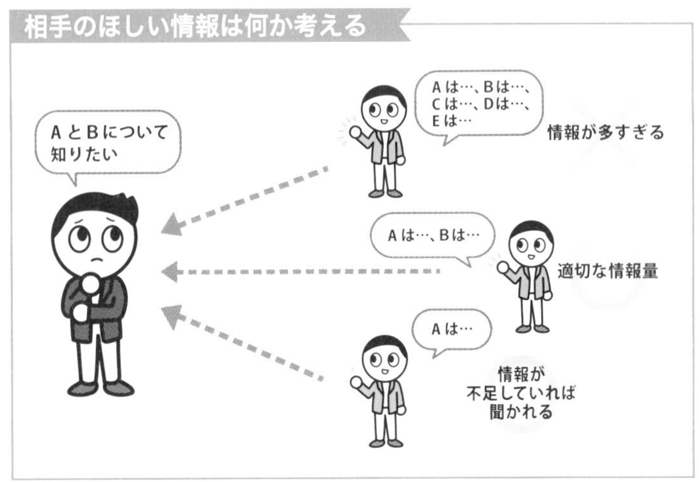

もう少し理解を進めるために、具体的なシーンでも見てみましょう。とあるオフィスでの会話です。

部下「すみません、今お時間大丈夫でしょうか」

上司「大丈夫だよ」

部下「今日A社へ商談に出向いたのですが、B社の商品も検討しているみたいで」

上司「ん？　もっと詳しく状況を教えて」

部下「なんか、もともとB社の商品のほうが安いので、最初から先方には価格面で不安がありました。私なりにその不安を解消しようとがんばってはいたんですが、なんか波長があわないというか……。なんかそんな流れで“B社にも見積りをもらうことにしている”と言われたんですよ。結構本気みたいでした」

上司「むむむ……」

はい、この会話について、「話の長さ」に着目すると、どう感じるでしょうか。

あなたの持っている情報ではなく「伝える目的」に着目

この部下、話がめちゃくちゃ長いです。友人や家族との会話であれば、そこに効率性は求める必要はないのですが、**ビジネスの場面では、「伝えたいこと」「伝えるべきこと」に絞って、余計なことは言わずに必要最低限な量までダイエット**しましょう。つまり、あなたが知っているすべての情報ではなく、「何を伝えるべきか」という観点で、先ほどの会話を修正していきます。

「結局伝えるべきは何か」を考えると、ここで部下が上司に報告すべきポイントとしては、「競合のB社のほうが価格が安い」こと、「B社にも見積りを依頼している」ことの２つだけです。それ以外は補足情報になっているようでなっていません。「先方とのコミュニケーション状況」などは、上司が気にしていれば聞いてきます。聞かれたら答えれば良い話です。もちろん、その答えもダラダラと要点がつかめないように話すのではなく、簡潔に、端的にです。

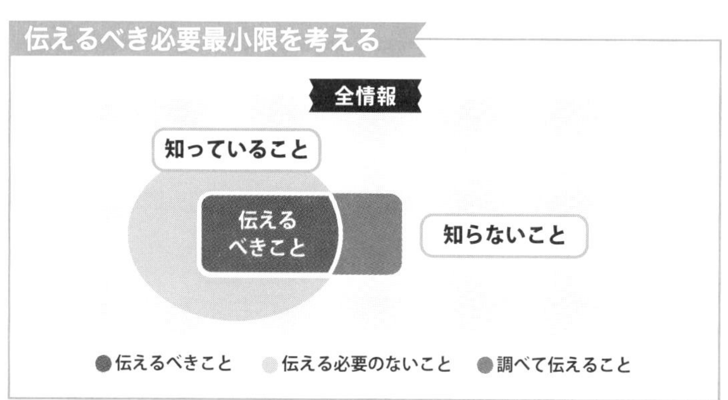

話が長い人はビジネスにおいて無駄なコストになり得る。

COMMUNICATE

「説明③」事実と解釈を分ける

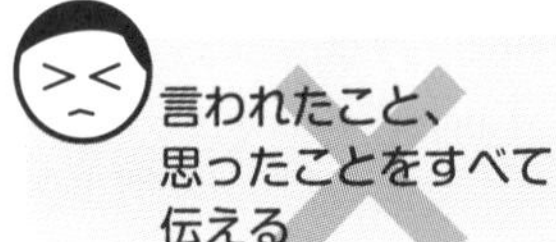

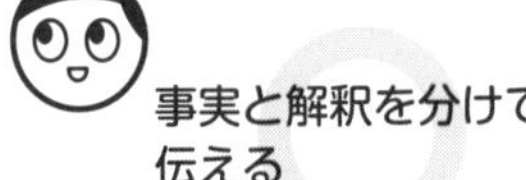

多くの人が陥る病気、「事実解釈ごっちゃ病」

ここでは、ビジネスの現場でのコミュニケーションをする際に絶対に気をつけるべきことをお話ししていきます。これが自然にできている人もいますが、案外できていない人も多く、これが「できる」か「できない」かで有能か無能かがハッキリクッキリとわかるポイントなので、確実に要点を押さえてください。

あなたは、事実と解釈をしっかり分けることができますか？言葉の定義から確認すると、辞書にはそれぞれ「実際に起こった事柄。現実に存在する事柄」「物事や人の言動などについて、自分なりに考え理解すること」とあります。

ちょっと辞書的でお堅いので、具体例で示すと**「今日の気温は35度」が事実**で、**「今日は暑い」が解釈**です。「そんなんわかるわ」という感じですよね。にもかかわらず、こと対人コミュニケーションにおいては、事実と解釈を明確に分けることができなくなってしまう人が一定数います。

ではビジネスの現場だとどうなるか、会話の例で見ていきます。

上司「今日のA社との商談、契約はもらえた？」

部下「結構順調です」

上司「順調ってことはもう契約をもらえたの？」

部下「いや、まだです。もう少し考えたいと」

上司「契約してもらえない理由はなんなの？」

部下「保守契約の部分が納得いってないみたいで」

上司「保守契約のどの個所が納得いってないの？」

部下「全体的に、考え込んでいました」

上司「保守契約が問題として、そこがOKなら契約もらえるの？」

部下「大丈夫だと思います」

上司「……」

さて、この会話を聞いて、あなたはどう思いましたか。この例の上司に説明する部下は、事実と解釈を分けることができていないことに気がつきましたか。

解釈は主観、事実は客観

上司は「契約はもらえたか」「もらえていない場合、何をクリアすれば契約を得られるのか」の2点の事実を知りたいと考えています。ところが部下は「商談が順調に進んだ」「保守契約について納得いってなさそう」「保守契約の問題がOKなら契約はもらえそう」という「解釈」を答えています。

少しだけ冒頭の例に戻ります。「今日の気温は35度」という事実と、「今日は暑い」という解釈の明確な差はどこにあるのでしょうか。答えは**「主観か客観か」**です。もちろん**事実が客観で、解釈が主観**です。前者の「今日の気温は35度」という事実は、Aさんが見ても、Bさんが見ても、変わらない事実です。

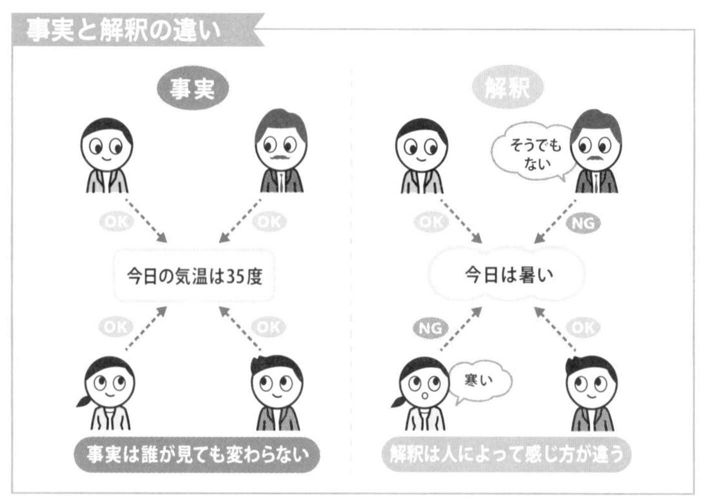

一方、「今日は暑い」という解釈は、人によって変わってきます。普段寒い地域に住んでいる人からすると、「生きていけないレベルに暑い」と考えるかもしれませんし、もっともっと暑い地域に住んでいる人からすると、「涼しくてすごしやすい」と感じるかもしれません。ちょっと極端な例ではありますが、つまり、**解釈は事実と違って、人によって変わり得るもの**、ということを押さえておきましょう。

部下はどうすればよかったのか

その前提でいくと、ビジネスの現場におけるコミュニケーションでは、解釈を使わないほうが良い場面、厳密には使っても無意味な場面が多々存在します。どういうことか、先ほどの上司と部下の例をもう一度見てみましょう。

部下が答えている「説明が上手くいった」「予算について納得いってなさそう」「予算の問題をクリアしたらそれ以外のポイントは大丈夫」という「解釈」は、上司の「承認はもらえたか」「もらえていない場合、何をクリアすれば承認を得られるのか」という質問に答えていません。

もちろん上司は取引先から承認をもらって施策を進めるために会話を進めていますが、部下との会話でなんら前進する情報をもらえていません。なぜなら、部下の回答は単に部下が考える主観、解釈だからです。部下が「うまくいった」と思っても、部長はまったく納得がいっていなかったり、部下が「予算以外のポイントは考えなくてOK」と思っていても、部長は「予算がまずダメ、そのほかもダメだけど、とりあえず予算から見直すように」と、考えている可能性もあります。

本来、この部下は、「説明しましたが、予算に関して“高すぎる”

との懸念をお持ちでしたので、承認いただけませんでした。費用は20%程度下げるとして、そのほかのキャンペーンの条件については B 案で問題ないとのことでしたので、費用の問題さえクリアすれば承認いただけます」と答えるべきです。そこまでハキハキ完璧にできなくても、**少なくとも「解釈」は除外して報告する**必要があります。

解釈（主観）をすべて排除する必要はない

もちろん例外もあります。たとえばブレスト、アイデア出しのときに、感覚でいいから感想を聞かれることはよくあります。その場合、「これは主観である」ことを伝え手も聞き手も理解していれば、何ら問題ありません。

現実のビジネスの場では、こういう機会も割と多くあります。「あなたの考えを聞かせて」と明確に相手から聞かれたり、話のはじめに「これは私個人の感覚ですが」とか「これは主観が入っていますが」とつければ、聞き手も「今から話すのはこの人の主観的な解釈だ」と理解したうえで話がストレスなく聞くことができます。

あくまでも、**「主観と客観、事実と解釈がゴチャゴチャになったまま伝える」ことが、コミュニケーション上の遅延を生んでしまう**ということです。

今から話そうとしていることが事実なのか、解釈なのか、常に注意する。

COMMUNICATE

「質問」自分で仮の答えを用意する

すべての疑問は質問して解消する

質問で答えあわせをする

悪い質問を繰り返すと「コミュニケーションコストが高い人」になる

あなたは質問をする際、頭に浮かんだ疑問をそのまま素直に質問していますか？

何も考えずに質問すると、場合によっては相手から「頭の悪い人だな」と思われることもあるので、しっかりと考えないといけません。質問をする目的は、基本的に「**疑問点を払しょくする**」ことにありますが、そのまま「疑問点を払しょくしよう」とだけ考えて質問をすると、ダメ質問となるケースがほとんどです。そのような質問を繰り返していると、ビジネスでもプライベートでも「**コミュニケーションコストのかかる人**」という悪印象を与えてしまう可能性があります。

なぜこの考え方が悪印象を生む可能性があるのかをお話しする前に、「良い質問」「悪い質問」とはそれぞれどういったものなのかを考えてみましょう。良い質問、悪い質問はそれぞれいろいろな要因があって生まれるものですが、本節で説明するポイントを意識するだけで、印象は大きく変わってきます。

その質問には「仮の答え」があるか

結論からいうと、「**自分で仮の答えを持っているか**」が、良い質問と悪い質問を分ける大きな要素になります。

たとえば、あなたが営業所の所長をしていて、「売掛金の回収率を上げるには何をすればよいか」という課題を持っていたとします。これに関して、自分よりも業界経験が長い上司に質問をする場合、自分で仮の答えを持っていない質問、つまり悪い質問は、「売掛金の回収率を上げるには何をすれば良いですか？」というものです。

これは、自分の仮の答えが入っていないので、上司としては、「いや、お前はどう思うんだよ」となりますし、仮に上司が「危ない取引先には事前に連絡を入れておけ」と言ったらそれをやるという仕事の仕方では、あなたの付加価値をゼロにします。**上司のアイデアを実行に移すだけのロボット**のようなものです。また、この「危ない取引先には事前に連絡を入れておけ」という言葉を受けて、はじめて「いや、毎月やるのは手間がかかりすぎるな」など思考を巡らせて、「さっきご提案いただいた方法なんですけど、こうこうこういう理由でやらないほうがいいと思うんですが……」とあとから言う羽目になります。

これは、思考停止ロボットよりもまだ考えている部分があるという意味ではいいのですが、**上司の時間を奪っているという発想がないので、答えを導き出すまでの時間の使い方が非効率**です。「じゃあ何をどう質問すればいいの？」となるので、いい質問、つまり、自分で仮の答えを持って質問する例を見てみましょう。

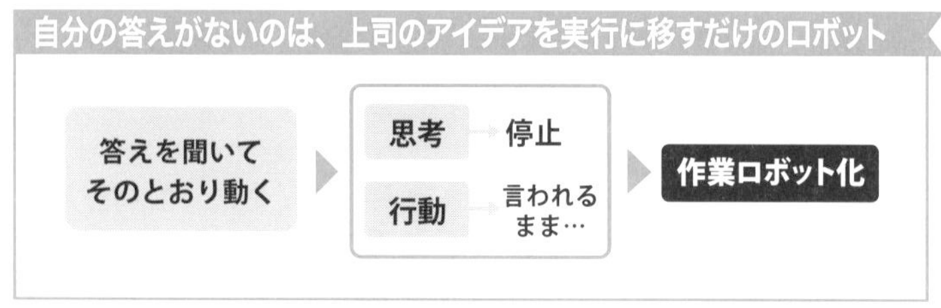

仮の答えを持った質問とは

先ほどの例と同じ状況の場合、「売掛金の回収率を上げるための施策を考えています。毎月支払日の前に電話で確認するのは手間がかかりすぎるので、徐々に基本契約書を期限の利益喪失条項付きのものに変えて、先方の意識を変えることからはじめたいと思うのですが、いかがでしょうか？」といったようにです。

ここには、質問をする側の「仮の答え 基本契約書の見直し」が入っています。もちろん、この質問をする際は、話す内容を補足する材料、「電話で確認の手間と費用」や「基本契約書の見直しで効果がある根拠」を持っていく必要があります。きれいなデータとして整理されていればそのほうが良いですが、上司に相談するレベルなら、しっかりと伝えることができれば十分です。

またそれらの根拠は、仮説レベルでかまいません。より精度の高い根拠を集めるために時間を使うことは非効率になりがちです。むしろ**立てた仮説に対して、上司とブラッシュアップするという姿勢が重要**です。

つまり仮の答えを持って質問するというのは、ある種、質問する相手（ここでは上司）と一緒に答えあわせやブラッシュアップをするプロセスだということです。言い方を変えると、上司の脳みそもフル活用して、なるべく成功する可能性の高い施策を生み出そうという発想をしていきます。悪い質問で挙げた「答えを聞く」も、ある種上司の脳みそを使っているのですが、これはフル活用にはいたらず、アウトプットの品質も相対的に下がることになります。

ただ、もちろんこの「仮の答えを持って質問するべし」に該当しないような質問もあります。単純な知識を問う質問の場合です。たとえば、自分が知らない書類のありかについて、上司に「書類ってどこにありますか？」などを問う場合です。この答えはひとつに決まっているので、聞いてしまったほうがいいです。逆にここで自分なりに考えて仮の答えを用意して……というのは、逆に頭が悪い人になってしまいます。このように、**答えが明確に決まっていて、自分がどう考えを巡らせても答えに近づかないような単純な知識を問う質問は、速やかに聞いてしまいましょう。**

COMMUNICATE

「議論」論破することを正だと思わない

議論は勝つことが
重要だと考える

論破をするのは
もったいないと考える

「はい論破！」で満足しているようじゃ、ビジネスマンとして価値がない

ここでお話しする議論の考え方のポイントと結論は、「**論破をすることが正しいと思わない**」ということです。

「はい論破！」的な発想はビジネスシーンにおける議論の場面では必要ありません。よくある議論の勘違いに「議論で圧倒すること」「自分の意見を通すこと」が目的であるという理解をしてしまっている人がいます。しかし、それは正しくありません。

いくつか理由はあるのですが、「自分の意見を通すことに成功！」というのは、自分の意見が正しいことを意味します。その仮説が正しければ、そもそも議論する意味はありません。また、仮にその仮説が間違っていたとしたら、間違った方向に進んでしまうことを誰も止めることができません。

このように**「論破すること」を重視する人は、議論ではなく口喧嘩をしているようなもので、組織にとって邪魔**でしかありません。このような理由から、第一のポイントとして、「論破をすることが正しい」という幻想を捨てましょう。

論破＝正、というのは、常にあなたが正しい場合のみ活きる考え方

「論破をすることが正しいとは思わない」、これは理解できまし

たよね。では、どのように「議論」というものを捉えればいいのでしょうか。それはシンプルで、「**この議論を通してより良い策を捻出しよう。生み出そう**」と考えるだけです。そういった議論の根本の目的を意識できさえすれば、「論破」そのものにまったく意味がないことがわかるかと思います。

たとえばあなたが企画部門で販売施策を検討している際、部署異動で着任したＡさんとよりいい施策について論じる機会があったとします。Ａさんが自分よりも販売に関する知識や経験が少ないケースです。このとき、論破にこだわったり、自分の知識をひけらしたりするような態度を取っても、何もいいアイデアは出ません。

仮に出たとしても、それは結局あなたのアイデアであり、その時点で議論をする意味がないことを表します。つまり、論破することは無意味だということです。ビジネスマンの時間は有限で貴重なものなので、無駄な時間はすごさないようにしましょう。

論破することは目的を忘れているのと同じ

この「論破をすることが正しいと思わない」ということは、「**目的を忘れない**」ことも意味します。「目的を忘れないことが大事」と聞くと、あたりまえのように感じるかもしれませんが、いざ議論がはじまると、目的からかけ離れた議論になってしまうこともよくあります。「えっ、この議論ってそもそも何の話だっけ？」みたいな状態です。こういった状態にならないためには、「目的を忘れない」ことが重要です。「コストを削減するには」という議論のときは、「コスト」に関連する議論に集中しましょう。

ただ、集中するといっても、「関連はしないけど会社にとって重要な議論」のようなテーマが出てくることもあります。それすらも無思考で排除しろ！　という意味ではなく、そういったテーマは別の会議で議論するスケジューリングをしたりして、今の議論のポイントから参加者が脱線しないように気をつけましょう。

複数の議論ポイントを話しはじめると、収拾がつかなくなります。そのような脱線をしそうな場合には、「**まずはこの論点からつぶしましょう**」と本線に戻してあげましょう。

議論のポイントから参加者を脱線させない

目的を忘れないのは、全体最適にも繋がる

この「目的を忘れない」ことは、**「全体最適を意識する」**ためにもとても重要です。

たとえばそれなりの規模の組織で、利害関係が対立するような議論をしているとき、目的に沿わない部分で敵対同士の議論がはじまることもあります。営業部と法務部の議論などで起きがちな、「自分の部署の保身のために意見を言う」みたいな議論です。このような場合、**「会社としての目的」を意識することで、議論自体を全体最適に持っていく**、補正していくことが可能です。

部分最適な論破は不要、全体最適を意識したコミュニケーションを。

COMMUNICATE

「プレゼン」センスではなく準備が9割と理解する

プレゼンにはセンスが必要だと思っている

プレゼンには準備が必要だと思っている

営業だけじゃない。すべてのビジネスパーソンが押さえるべきスキルがプレゼン力

「プレゼン」と聞いて、「営業先でやるもの」というイメージを持っている人もいるかもしれません。しかし営業部でもなく、商品を売る必要がない人であっても、社内会議であなたの考えた案を説明する機会はあるはずです。

タイトルにもあるとおり、「プレゼンはセンスがある人だけが上手くできる」というのは過去の神話です。ずばり、プレゼンは準備がすべてです。**準備さえきちんとできれば、クオリティの高いプレゼンが誰でもできる**ようになります。

プレゼンをつくるコツは3つ

上手なプレゼンの3つのポイントについて見ていきます。そのポイントとは、「**❶メッセージ性のあるストーリーを考えること**」「**❷ピラミッドストラクチャーを使うこと**」「**❸論理構成のテンプレートをつくること**」です。

プレゼンをつくる3つのポイント

❶メッセージ性のあるストーリーを考える	▶	❷ピラミッドストラクチャーを使う	▶	❸論理構成のテンプレートをつくる

❶ メッセージ性のあるストーリーを考えること

まずストーリーをつくるために必要な材料を探し、プレゼンの大枠を決めていきましょう。いかに大切でクリティカルなアイデアであっても、しっかり聞いてもらえなければ意味がありません。そういった事態に陥らないように、**「問題提起」「結論」「理由」を最初に決めてプレゼンの骨格をつくっていきます。**

そのあと、肉づけとして使える具体例、体験談、データを集めていきます。この肉づけの部分で、興味を惹きつけるエピソードや数字などの定量的なデータを用意することで、興味関心を引いたり話に納得性が出てきたりと、プレゼンの質がぐっと上がることになります。ダラダラとプレゼン資料をつくるのではなく、**「どうやったらストーリーとして聞いてもらえる内容になるか」**を意識していきましょう。

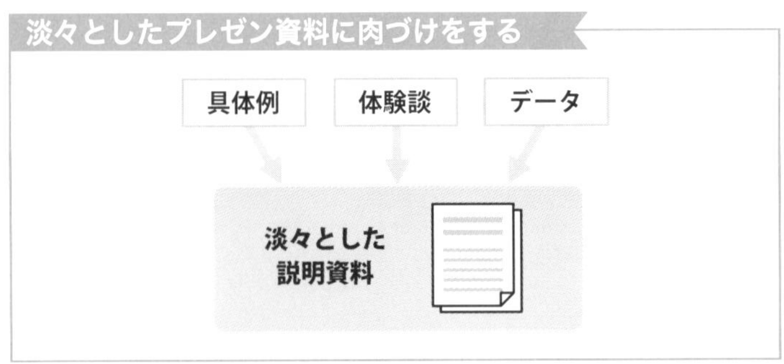

❷ 論理性を担保する「ピラミッドストラクチャー」を使う

ピラミッドストラクチャーを使うことによって、先ほど解説したストーリーの論理構成の確からしさを担保していきます。

ストラクチャーのつくり方の順番は、**1番上に提案や意見などの主題を置き、その下に主題に対する疑問の答えを書き、1番下に、その答えの根拠を書きます**。この図をつくることでMECE（Chapter3-02）になります。

「うーん、それってする意味ある？」と考える人もいそうですが、論理が正しく構築されているかは、聞き手の納得感にダイレクトに影響します。慣れてくれば、自分の主張を伝えるために組み立てる構造が、自然にピラミッドストラクチャーのとおりになってくるので、その域に達するまで訓練していきましょう。

❸ 論理構成のテンプレを使用する

相手を納得させるためには、理路整然とした聞き手がわかりやすいと感じる構成である必要があります。お勧めの構成は、「**問題提起→提案→理由説明→結論**」という流れです。ストーリーをつくり、ストラクチャーの確からしさを確認したうえで、このテンプレートにあてはめていきます。これだけだとピンとこないかもしれないので、ひとつずつ深堀りしていきます。

まず問題提起です。ここでは何が問題であるのか、「**何を解決すべきなのかを明確に**」していきます。そうすることでプレゼンする内容と目的を相手に伝え、自分と聞き手の認識をそろえることができます。

次に提案です。「**問題を解決するための仮説や解決策**」をここで示します。なるべく、簡潔に短く伝えましょう。そして理由説明です。具体的なシチュエーションにあてはめて説明したり、どのようにして事実やデータから結論を導いたのかを相手に伝えます。このときに、「**自分の思考回路を相手に見せる**」ことをイメージすると理解されやすくなります。

最後の結論では、「**提案で話したことを簡潔に言い換えてもう一度再確認**」します。

論理構成テンプレート

問題提起	提案	理由説明	結論
膨れあがったコストを減らす必要がある	コストセンターであるシステム部署の人員削減をすべきである	同業他社と比較し、システムの自動化が遅れていて人件費がかさんでいる	よってシステム部署の人員削減／システム自動化を早急に検討すべきである

最初に大枠としてストーリーを決めて、ピラミッドストラクチャーでブラッシュアップをする。そしてブラッシュアップされたものを論理構成のテンプレートにあてはめるのが有効。

— Column —

「コミュ力(りょく)」という言葉が生んだ呪い

「コミュ力」はノリのよさ？

あなたは「コミュ力」と聞いて、どのようなスキルを思い浮かべますか？　よくあるケースとしては、「飲み会で盛りあげるためのノリのよさ」や「異性を口説き落とすための会話術」のようなものです。これらも、広義にはコミュ力かもしれませんが、それらは「**プライベート空間でのコミュ力**」で、ビジネスにおけるコミュ力とは少し違います。

飲み会で盛りあげるためのノリのよさは、「飲み会は盛りあがったほうがいい」という目的から導き出された手段です。また、異性を口説き落とすための会話術についても、「異性と交際する」という目的から逆算された手段です。

ではビジネスではどうでしょうか。ノリのよさ、会話術など、部分的には活用できますが、別にどの場面でも必要なものではありません。ビジネスにおけるコミュニケーションは、「**正確に、相手を配慮しながら伝える／聞く**」ことが求められます。ノリよく話したり口達者に伝えても、相手に正しく伝わらなかったり、相手が疲れてしまったりしては、コミュ力が高いとはいえません。

ところが一般的には、「ノリがいい＝コミュ力高い」「口達者＝コミュ力高い」のような、ある種の視野の狭さが口下手なビジネスマンを苦しめています。目的ドリブンで、**ビジネスにおけるコミュ力に集中して特訓**していきましょう。不安な人も、この章を繰り返し読んで、現場で少しずつでも実践してみましょう。コミュ力は確実に身についていきます。大丈夫です。

冒頭でも言ったとおり
伝わらなければ、
どんなに努力しても
意味がありません！

話すスキルは 才能と
思われがちですが、
押さえるべきポイントを
押さえるだけで、大きく
進化するスキルです!!

Chapter

6

影響力を高めるために「マネジメント」を制する

MANAGE

MANAGE

「管理する」マネジメントは上司だけのものではない

「マネジメント」を高尚なものと考えている人へ

マネジメントと聞くと、どんな印象を持つでしょうか？

「意識高い系あるある」のカタカナフレーズなので何となく嫌悪感を抱く人もいるかもしれませんが、日本語にしてしまえば「**管理**」です。管理と聞くと、管理者という言葉があるように、一定の役職以上の者しか関わることのない、何やら高尚なものだと考えている若手の人が一定数います。

「いつか考えるべきこと」「部下ができたら考えないと」と思っているかもしれませんが、**マネジメント・管理というのは、若手社員、いってしまえば新入社員でもやるべきこと**なのです。健康管理やスケジュール管理などの自己管理は当然ですが、周囲の人材の管理や上司の管理までやってしまいましょう。

既存の管理者のように、評価者的な視点で管理するのではなく（そんなことする人はいないと思いますが）、彼らの行動を管理し、予測し、目標に向かっていく自分の行動をスムーズに動かせる環境づくりをしていこうということです。

マネジメントを制すれば、「仕事ができる」はつくれる

「周囲の人を管理する？」と、不安に思うかもしれません。そういった人は、**まずは自分自身を管理**していきましょう。自分すら管理できない人が他人を管理しようとするのは困難ですし、確実に疲弊します。自分の体調、自分の習慣、自分のスケジュールなどであれば予測もできますし、ある程度なら簡単にコントロール

できます。

ここでは計画の管理と時間の管理を取りあげますが、最初はここからはじめて、「よし、もう自分の管理は十分にできているな」という段階で、周囲の人（部下、上司など）と協働するためのTipsも押さえていきましょう。

Chapter6までやってきた、「マインドセット」「学習」「思考」「伝達」をしっかりとできていれば、あなたは「仕事ができる人」に99%近づいているはずです。

仕事ができる人に向けた最後の一手を着実に押さえるために、この章も走り抜けていきましょう。

MANAGE

「計画❶」馬鹿げた目標を設定する

短期目標、長期目標も現実的なものにする

長期目標は無謀なものにする

自分のリミッターを「一時的に」外せ

ここでは、あなたのパフォーマンスを最大限に引き出す方法を見ていきます。「ただやみくもに無茶をする」というやり方では、せっかくの努力も継続できません。リミッターを外したときに何が起きるのかを理解したうえでトライし、あなたの中に眠っている力を活用していきましょう。

まず、**「リミッターを外す」**です。**「現状維持バイアス」**という言葉があるように、私たちは無意識に「自分の限界はここらへんだから、これを超えるところには行けるはずもない」と思い込んでいます。

これは私たちに植えつけられた本能なので、悪いことではなく当然のように効用もあります。常にリミッターが外れて「自分は何でもできる」というスタンスで仕事に臨むと、できもしない無謀な挑戦をすることになります。私生活でも、周囲とのコミュニケーションをはじめ、大きな支障が出てきてしまいます。これは、容易に想像できるでしょう。

しかし、**「リミッターを一時的に意図して外す」**なら、仕事でパフォーマンスを発揮するうえで、かなり効果的に働きます。では、どのタイミングでリミッターを外せば良いのかという話ですが、それはずばり、**「目標設定のタイミング」**です。会社員でも学生でも「目標設定」をするタイミングはいくつかありますが、会社員の場合は評価のために目標設定面談や振り返り面談をするところは多いでしょう。

ただここでいう「目標」は、評価をする基準となる目標よりももっと本質的な、自分の夢や本当の目的に対しての目標を指します。というのも、評価のための目標は、高すぎると損をしてしまうケースがあるからです。特に機械的に評価がなされるような組織の場合、達成率という無機質な数字だけで判断される可能性があります。

「年収１億円」くらいバカげた目標を策定する

ここで説明する目標は、「**本質的な自分の目的を達成するための目標**」のことを指します。こういった目標を策定するときに「リミッターを外す」とは、具体的にどのようなことをするのでしょうか。たとえば、「5年後に年収を200万円アップする」という目標があったときに、あなたならどう捉えますか？

「簡単には到達できないかもしれないけれど、まあ、そこまで無茶な目標ではなさそう」くらいに思うのではないでしょうか。実際に、転職や昇給でも全然あり得る数字ですし、5年間という時間軸も無理はなさそうに見えます。

ではこの目標の金額を変え、「5年後に年収を1億円にする」となるとどうでしょうか。おそらくほとんどの人が、「いや無理でしょ」となってしまうはずです。これは当然のことで、年収1億円を稼いでいる人は極めて少ないからです。まれに「友人で1億円稼ぐ人がいる」とか、「自分は年収1億円だ」という人もいるでしょうが、シンプルに統計的に見たら、すごく稀な事例です。

ここで伝えたい「目標設定時のリミッターを外す」というのは、

この「5年後までに年収を1億円にする」というような、**一見誰もが笑ってしまうような目標を設定する**ことを指します。ちょっと何を言っているのかわからない状態の人もいるかもしれませんが、もう少しがまんして、続きを読んでください。

このような、一見無理な目標設定をすることのメリットは2つあります。それは、「**❶アクセスする情報の質が上がる**」「**❷現実目標ラインは余裕で超える**」です。

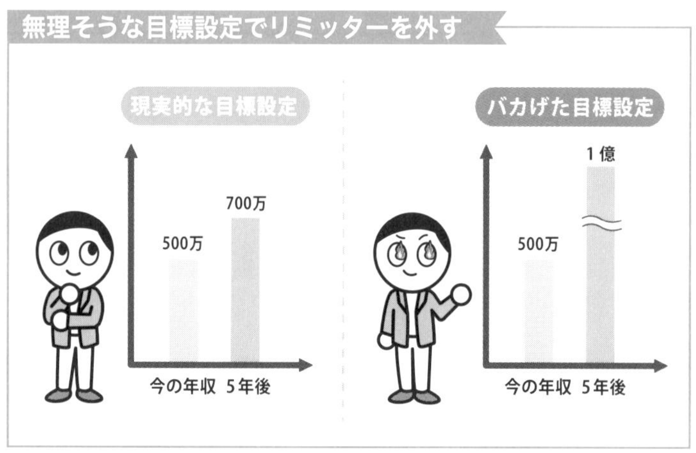

❶アクセスする情報の質があがる

目標のリミッターを外したとき何を考えるかというと、「**今のやり方を続けていては、どうがんばっても目標をクリアすることはできない**」ということです。

当然、めちゃくちゃ無謀な目標なので、まずそれを考えるはずです。これまでのやり方とは大きく違う、抜本的に新しいこと、新しいやり方を検討するようになります。

そして、そのための情報収集をはじめます。これも、いつもの人に聞いたり、いつも見ているサイトにアクセスしても、そのような無謀な目標に近づくための情報はないことはすでに理解できているはず。そこで、誰に聞けばそういった情報が得られそうか、どのサイトならそういった情報を見つけることができるかと、情報アクセス先を再検討することになります。これが、第一のメリットです。

「**“今の情報アクセス先では手に入らない情報”を自分で探しはじめる**」というのは、バカげた目標を立てないかぎり思いつかない発想です。それほどに、私たちは今の環境を変えることが苦手なのです。

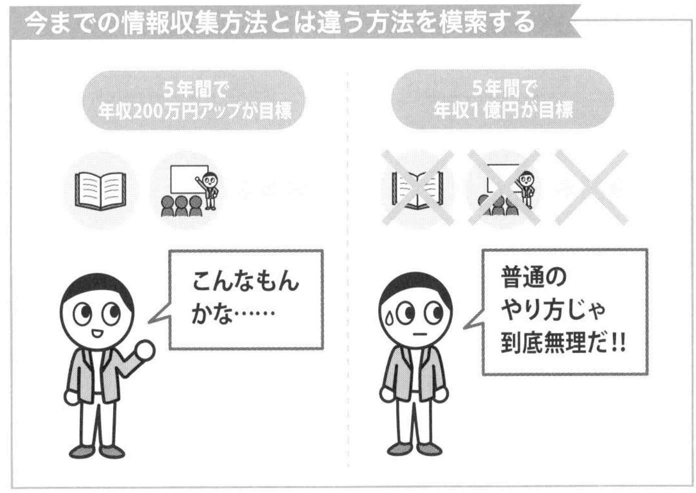

❷ 現実目標ラインは余裕で超える

先ほどの例だと、年収1億円を目標にしてしっかりと考えながら行動することによって、年収は上がっていきます。もちろん、目標設定をするだけで、5年後に年収1億円になるわけではありません。どのようにそこに向かうかの工夫が問われます。そうはいっても、1億円を目指した努力をしたなら、少なくとも「5年後に年収を200万円アップする」という目標はクリアできているはずです。

基本的に、**人は自分が目標としているライン以上になることはまずありません**。偶然、とてつもない運が回ってきてクリアすることもあるかもしれませんが、それは「自分の頭で考えた結果」ではないので、再現性がなく長続きしません。でも、目標のリミッターを外すことで、「**現実的に思いつきそうなレベルの目標ライン**」ぐらいは余裕で超えることができるのです。

「現状維持バイアス」を壊す

ここまで紹介してきた2つのメリットで、**無意識下で自分の行動を邪魔していた「現状維持バイアス」を壊す**ことができます。壊すまでいかないとしても、少なくともかなり弱らせることができます。これが、目標のリミッターを外す効果の最たるものです。

しかし、そもそもの問題として、リミッターを外すような目標をイメージできない人もいるでしょう。そこで、少し漠然とした内容となりますが、リミッターを外すための2つのコツをお話ししておきます。

❶ 極端に恵まれた状態を想像する

ひとつ目のポイントは、「**極端に恵まれた状態を想像する**」ことです。「24時間365日、自分の自由な時間にできたら」といった、現実には起こりにくい仮定を与えて考えはじめると、先ほどからお話ししている「現状維持バイアス」を意図的に排除できます。そうすることで、今の環境や制約があたりまえとなっているがために封じ込められていた、「**できるんだったら目指したい目標**」があぶりだされてきます。

そもそも「リミッターを外した目標」とは、「普通に考えたら叶うはずもない目標」です。それくらいある種バカげた前提で考えないと、発想として出てきません。

❷ 環境を変える

２つ目のポイントは、「**環境を変える**」ことです。それも、**自分がなんとなく目指している世界がある環境に身を置く**ことをお勧めします。自分が叶いもしないような夢を実現している人の近くに行き、圧倒的な差を見せつけられる……そんな経験をすることで、自分のリミッターを超える目標を立てられるようになります。

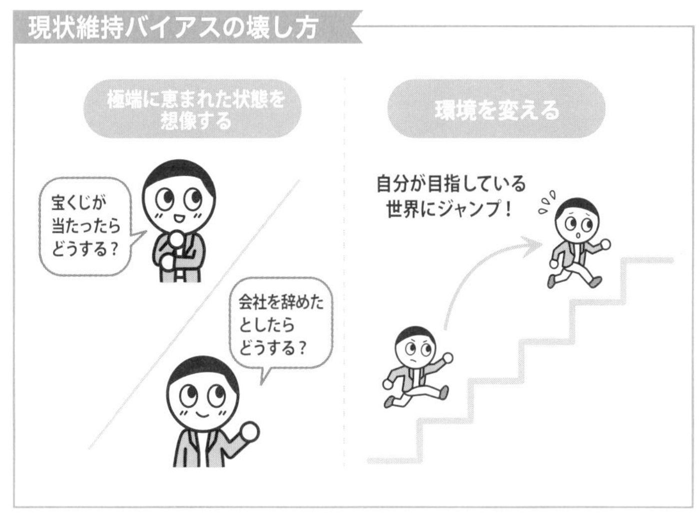

MANAGE

「計画②」計画倒れの可能性を撲滅する

予期せぬ状況にあわせて計画に多めのバッファを積む

バッファを含め、すべてに緻密な行動計画を立てる

「計画どおり！」はとても難しい

前節で「計画を立てるときはバカになってでも高い目標を！」とお伝えしましたが、そのように立てた計画のもとに動きはじめるとき、何に気をつければ良いのでしょうか。ここで質問です。あなたは季節の節目などに計画を立てて、これまですべての計画に対して「計画どおり！」達成できましたか？

私も含め、1度ならず何度も計画倒れを経験したことがある人がほとんどでしょう。そこで、この「**計画倒れを撲滅するための考え方**」をお話しします。ほとんどの「計画倒れ」は、計画の「立て方」に起因します。意気揚々と計画を立てても、なぜかズルズル進捗が遅れ計画どおりに行動できない人は、絶対に押さえてほしいポイントです。

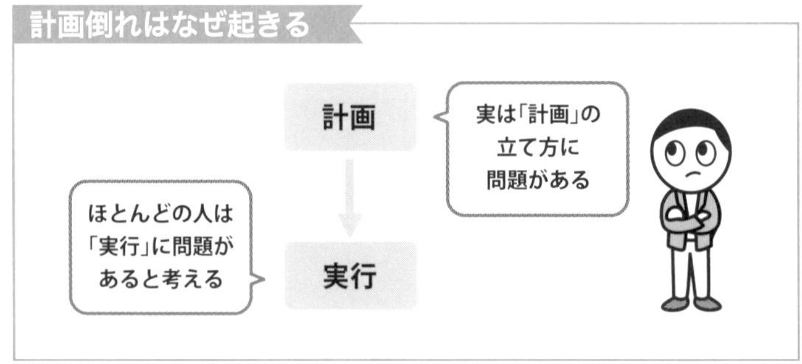

✓チェックポイント❶ 目標が適切かどうか

では計画どおりに行動できない人は、目標に対してどのように向きあえば良いのでしょうか。ポイントは、「**目標が適切な水準かどうか**」です。

前節といっていることが違うと思いますよね。前節での目標は中長期的な目標で、夢などを設定する際に気をつけるべき事項でした。ここでは計画倒れを起こさないためのポイントを見ているので、「**適切か**」「**実現可能か**」というレベルを見ていく必要があります。

この「適切か」について具体例を見ていきます。

たとえばある店舗で、これまで1日数千円分しか売れていない商品なのにもかかわらず、「1日あたり10万円分売ろう！」といった高すぎる目標を立てるのは、目標設定が不適切といえます。もちろん、「1日500円分売るぞ！」といった低すぎる目標設定もよくありません。

まずは、直近の売上の推移を見て、現実的かつ達成したときに「**好循環で回るような水準**」に設定する必要があります。また売上などは曜日変動も発生するので、しっかりと直近の実勢を見て係数を掛けるなどの必要があります。これが、「目標が適切な水準かどうか」という観点です。

✓チェックポイント❷ 行動レベルまで落とし込めているか

次の良くないポイントは、「**行動レベルにまで落とせていない**」というポイントです。

計画を立てるときに、このポイントを意識しないと計画達成は難易度がぐんと上がります。逆にいうと、行動レベルまで落とせれば計画達成ができる可能性がぐんと上がります。

この魔法のような「行動レベルまで落とす」ですが、先ほどの例の「売上1日10万円！」は行動レベルとはいえません。ではどういった計画が行動レベルといえるのか、わかりやすく評価する指標があります。それは、「**そのあたりを歩いている人でも実行できるか**」です。

店の前を歩いている人を捕まえて、「この商品を1日10万円分売ってください」といってもできるはずがありません。

同様に語学系の資格取得で、いきなり「今から資格取得がんばってみて」といっても、まず勉強の仕方がわかりません。

これは、そもそも何をすれば良いのか、どんな方法で勉強すれば資格取得につながるかがわからないからです。ではこれを「行動レベル」にまで落とすとどうなるかを見ていきます。

行動レベルにまで落とした計画では、まず「今月〇〇という単元をマスターする」の「**“マスターする”の部分を定義する**」必要があります。つまり、「**どういう状態になっていることを目標**

にしているか」を言語化していきます。たとえば「その単元の模擬テストで90%の正答率を叩き出す」とか、「模試を受けてみてその単元範囲で全国○位以内に入る」とかです。

まずはこの目標の定義づけをしたうえで、そのあとに「そのために何をやれば良いのか」を考えていきます。

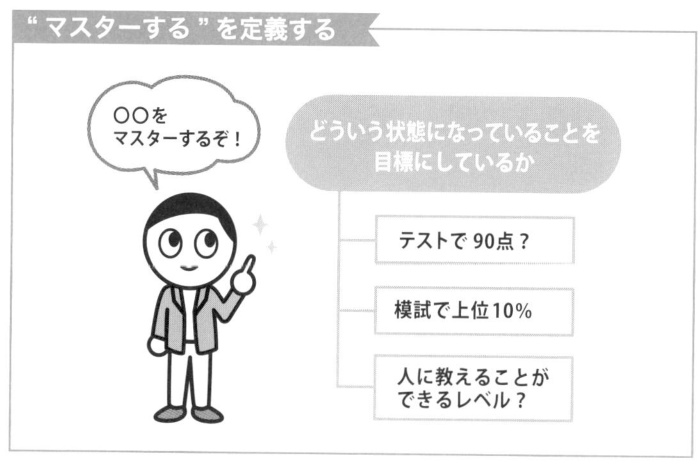

この「何をやれば良いのか」、つまり**実行項目を考える際は、できるかぎり細かく考えていきましょう**。

たとえば単元を勉強する！　とひと言でいっても、平日会社から帰ってきてすぐに取りかかるのか、夕食と入浴をすませてすぐ取りかかるのか、それとも帰り道のカフェでサクッとやるのか、そういったことを決めていくことが重要です。

そんなに細かくしたら大変じゃないかと思うかもしれませんが、冷静に考えると、後々この「行動レベルまで落とし込む」という作業をどうせやることになります。「語学系の資格を取ろう！」とあいまいな目標設定、ふわふわした計画設定を置いたとしても、そうやって意気込んだ翌日には「では何をしようか」と行動レベルで考えることになります。

どうせやるのであれば、長期的な視点かつ現実的な水準で、達成することに主眼を置いた計画を当初から立てておくべきです。

大変な作業ではありますが、最初の大変な作業をさぼって計画未達成となってしまうよりも、大変だったとしても計画を達成することのほうが重要だと心得ましょう。

MANAGE

「時間」自分のスケジュールを棚卸する

自分の1週間の平均的なスケジュールを言えない

スケジュールを棚卸し、カテゴライズする

あなたは日ごろ忙しいですか？

常に忙しくしていると疲れが溜まりやすく、アウトプットのクオリティも下がってしまい、あまり良いことはありません。忙しさの原因を究明し、解決策を実行しましょう。

あなたを忙しくする原因は、大きく分けると3つあります。「**❶そもそも何に時間を使っているのかを把握していない**」「**❷抱えるタスクを整理できていない**」「**❸優先順位づけができていない**」、この3つです。逆にいえば、この3つを押さえればあなたの忙しさが解消されます。では、この3つがどういうことを意味し、どう考えれば解決できるのかを、見ていきましょう。

❶何に時間を使っているのかを把握する

第一の理由は、そもそも何に時間を使っているかわかっていないケースです。忙しい忙しいといっている人ほど、「なんで忙しいの？」と聞いても、案外ふわっとしか回答できないことが多いものです。漠然とした危機感だけが大きくなっているのです。

人は不確実性をはらんでいたり、ぼやっとしてよく見えないものを過大評価する傾向があります。こういう人は**タスクの棚卸しをするだけで、「あれ？　言うほど忙しくないかも」と気づくこ**

とが往々にしてあります。

ではどのようにタスクの棚卸しをすれば良いのでしょうか？

まず、**あなたの平均的な１週間の予定を書き出してみましょう。**ビジネスの予定だけでなく、プライベートも含めてください。**1日のスケジュールは日によって変動が大きいので、１週間で区切るのがポイント**です。また、特別忙しかったり暇だったりする週だと意味がないので、スケジュール帳を眺めて「ざっくりこんな感じ」という1週間を取りあげます。

そして、そこから、1時間以上かかる予定を抜き出していきます。5分や10分で終わるものは細かすぎるので排除してください。重複するもの、たとえば毎朝やるものなどはひとつの項目としてまとめます。

そして、そこに並んだ項目の横に、1週間であなたが投資した時間を書き込みましょう。毎朝1時間やるものであれば、月火水木金で5時間と書いてください。

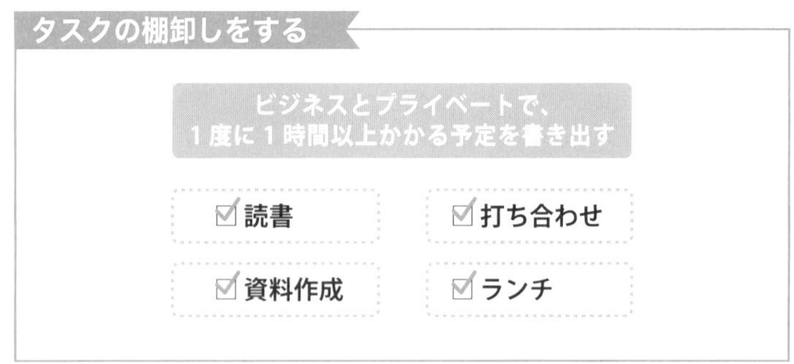

❷棚卸したタスクを整理する

❶で書き出したタスクを、カテゴリ分けしていきます。カテゴリ分けといっても「会議」「勉強」のように予定の種類で区切っ

ていくわけではなく、「**重要度**」と「**緊急度**」で分けていきます。重要度、つまり「重要」「重要ではない」の２つと、緊急度、つまり「緊急」「緊急ではない」の２つに分け、2×2 のマトリクスに区分していきます。

これは、ビジネス書の名著「完訳７つの習慣 人格主義の回復」（スティーブン・R・コヴィー著、キングベアー出版）で紹介されたフレームワークです。重要度を考える際は、あなたの**長期的な目的に意味があるものなのかどうか**で分け、緊急度は「**他者を待たせているもの**」「**早く他者に依頼すべきもの**」「**締め切りが明確で迫っているもの**」で分けていきます。

2×2 のマトリクスに区分してできた４つのゾーンをⒶ、Ⓑ、Ⓒ、Ⓓとします。Ⓐが緊急かつ重要なもの、Ⓑが緊急ではないが重要なもの、Ⓒが緊急だが重要ではないもの、Ⓓが緊急でも重要でもないものとなります。

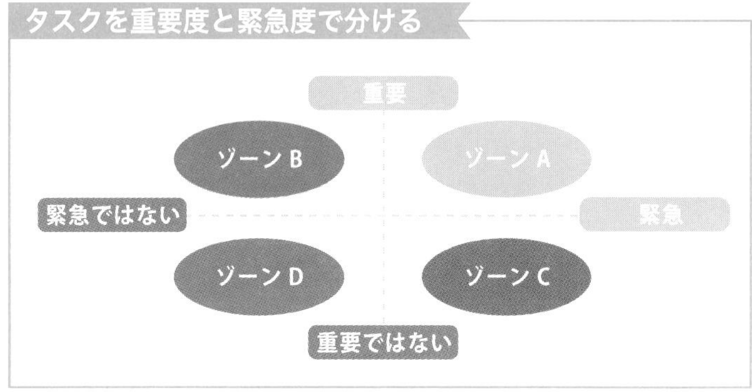

ゾーン A 緊急かつ重要な予定

ゾーン A には、**緊急かつ重要な予定**が入ります。具体的には、大切な顧客からのクレーム対応などが入ります。一般的には、この**ゾーン A のタスクを遂行している時間が貴重な時間**で、ここに時間を割くことが理想、と考えられがちです。

しかし、ここに多く予定が入るということは、単に仕事に追われているにすぎません。「じゃあどうすれば良いのか」という話になってきますが、後ほど説明するゾーンＢの予定の工夫のしかたによって回避や軽減をすることが可能です。たとえば「クレーム対応」は、ゾーンＢで「クレームが起きにくい仕組みを構築する」ことで、回避できる場合もあります。

ゾーンＡのイメージ

ゾーンＡ

- ☑ 納期の迫った仕事
- ☑ 顧客からのクレーム
- ☑ 突発的な人員不足対応業務
- ☑ 製品の仕上がりミス対応

ゾーンＢ 緊急ではないが重要な予定

ゾーンＢには、**緊急ではないが重要な予定**が入ります。具体的には業務に活かすためのマーケティングの本を読むなどです。ここに入ってくるのは、長期的な目的を持ったうえでの先行投資になるので、**ここに入る予定が４つのゾーンの中で１番大切に**なります。そして同時に時間を割くのが１番難しいゾーンでもあります。

難しい理由は、「緊急ではないから」です。緊急なものは強制力が働きますが、ここに入ってくる予定は、別に今やらなくてもすぐさま不利益を被るものではないのです。

ゾーンBのイメージ

ゾーンB

- ☑ スキルアップのために本を読む
- ☑ スキルアップのためにYouTubeを視聴する
- ☑ リスクマネジメントを考える
- ☑ 仕事のやり方を見直す

ゾーンC 緊急だが重要ではない予定

ゾーンCには、**緊急だが重要ではない予定**が入ります。具体的には定時ミーティングに出席するなどです。このゾーンは、たしかに緊急ではあるのですが、**あなたが忙しくなくなるために1番手を打ちやすいゾーン**でもあります。ここに入るタスクは、何らかの工夫で回避もしくは軽減できるものがほとんどだからです。そもそもやるべきことではないものが入ることもあるため、その時間はすぐに浮きますし、やるべきことであっても工夫次第で時間を短縮もできます。

ゾーンCのイメージ

ゾーンC

- ☑ 重要ではないメールや電話
- ☑ 定例会議
- ☑ 突然の来客

ゾーンD **緊急でも重要でもないもの**

ゾーンDには、**緊急でも重要でもないもの**が入ってきます。ここにはソーシャルゲームをやったり、YouTubeをダラダラ見ることも入ります。ここはあなたも納得できるはずなので、即刻回避すべきです。リラックスするためであったり、何かの知見を得ようとテレビやYouTubeを見たり、何か得るものがあると期待して飲み会に行くのは、ここには入りませんが、**ダラダラと目的意識なくやってしまう行動は不毛**でしかありません。

ゾーンDのイメージ

ゾーンD

- ☑ 生産性のない飲み会
- ☑ 家でごろごろする
- ☑ なんとなく動画を見ている
- ☑ ゲームをずっとやっている

❸整理したタスクを優先順位づけする

最後に、整理したタスクをどのように管理、優先順位づけしていくか見ていきましょう。ここで忙しさの3つ目の原因「❸優先順位づけができていない」を解消します。

まず取り組みたいのは、「**重要度の高いものに時間を投資する**」ことです。つまり、ゾーンAとゾーンBになるべく時間を使いましょう。そしてゾーンBに投資することによって、ゾーンAを管理するイメージで動くことをお勧めします。ゾーンDはゼロに、ゾーンCは最小限になるよう調整しましょう。**1週間の予定を棚卸ししていれば、何に時間を投資して、何の時間を管理**

し、何の時間をゼロにし、何の時間を最小限にするか、タスクベースで見えてきます。

このゾーンBへの時間の投資には、ひとつポイントがあります。また「7つの習慣」からの引用ですが、**「大きな石から入れていく」**という考え方です。

あなたの前にバケツがあり、その横に複数の大きな石と複数の小さな石があるとイメージしてみてください。バケツに小さな石を入れてから大きな石を入れていくと、小さな石が入っているため、大きな石をすべて入れることができません。一方で、大きな石から入れてから小さな石を入れると、大きな石の隙間に小さな石が入ることで、バケツにすべての石を入れることができます。

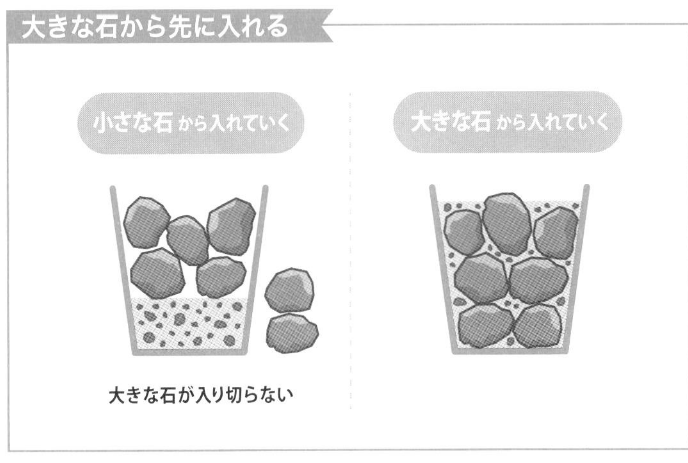

予定も同じように考えましょう。**大きな時間を要する予定を先に入れ、その隙間に小さな時間を食わない予定を入れる**のです。これにより効率的に予定を組め、同時にゾーンBに投資する時間を最大化できます。

「ミス」根性論は捨て、起きない仕組みをつくる

意識次第でミスはなくせると思っている

仕組み次第でミスの影響を最低限にすることができると思っている

ミスはどうしたってなくならない

ミスの大小はあれど、「これまで1度もミスをしたことがない」という人はいないと思います。誰しもが、人間であれば、1度は遭遇するミスについて、誤解されがちな考え方と、どう向きあっていくのかについて見ていきます。

あまり考えたくないものですが、ビジネスをするうえでミスはつきものです。

私はとある金融機関で働いている関係で、センシティブな数字を使った資料を扱うことが多く、ミスにはかなり敏感です。しかし人間であれば、どんなに注意していたとしてもミスをゼロにすることはできません。

ミスはなくそうとしても無理なのです。だからこそつきあい方を変えて、可能なかぎりミスが起きない仕組みをつくることが重要なのです。

なぜミスは起こるのか？

ミスとのつきあい方を考えていくうえで、まず、「なぜミスは起こるのか」ということを考えてみましょう。原因を特定することで、上手にミスとつきあう方法も見えてきます。

ミスが起こる原因は、そもそもミスの内容について知っていたか、知らなかったかで、大きく２つに分けることができます。

❶知っていたけど起きてしまったミス

ひとつ目は、知っていたけど起きてしまったミスです。

いわゆる「**うっかりミス**」です。具体的には、持っていくべき資料を忘れたとか、データ入力において間違ったデータを入力してしまったなどがこれにあたります。

❷知らなかったから起きたミス

２つ目は、知らなかったから起きてしまったミスです。

自分は正しいと思っていた進め方が実は間違っていたとか、本来やるべき方法を知らされていないで、わからないまま進めてエラーになったなどがこれにあたります。

この、「知っていたか」「知らなかったか」という軸で分けたのは、起きる原因が根本的に違うため、その対処法がそれぞれ大きく異なるからです。では、ひとつずつ、その原因を深掘りして対処法をお話ししていきます。

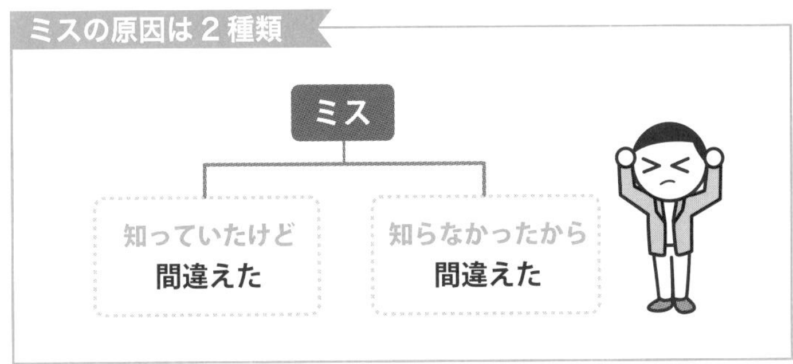

❶「うっかりミス」は仕組みで予防する

知っていたけどミスった、いわゆる「うっかりミス」は、注意が散漫になっていたり、疲れが溜まっていたりすることで、起きる類のミスです。原因を掘り下げないままでいると、「注意する！」や「気をつける！」といった根性論に頼った対策を打ちがちです。しかし、そもそもミスを起こした側もミスなど起こしたくもありません。注意したいし、気をつけたい……そう思っている中で起きたミスなので、根性論的な解決法では高い効果は得られないのです。

ではどうすれば良いのでしょうか？

確実な対策法は、**「原因を深堀りし、ミスが起きにくくなる仕組みをつくる」**ことです。

人間の注意力を信じてはいけない

うっかりミスは、**2ステップで起きない仕組みをつくりましょう**。ファーストステップは「**意識改革**」です。といっても、「意識を改革してがんばる」のではなく、「**人間の注意力はずっとは続かないから絶対にミスる**」という意識を持ってください。

これはある種、自分の力を信頼しないことを意味します。ミスは必ず起きることを自分の頭の中に刷り込むのです。

続いてセカンドステップでは、人間よりもミスを起こすことが極めて少ない「機械」に頼ります。

思い切って機械に全部任せよう

具体的には、時間管理の面でいうと、**アラームつきのスケジューラーを活用**します。PC のカレンダーアプリに、締め切りの予定日をスケジュール登録しているだけではいけません。「**締め切**

りから逆算して何を準備すべきか」「いつまでに準備が完了していないといけないか」といった小さなマイルストーンも入力しておきましょう。

最初はめんどくさいと感じるかもしれません。そんなときはミスを起こしたときのことを想像しましょう。「このミスが挽回できるなら面倒くさいことでも何でもやる」というテンションになってくるはずです。それを前倒しで実行するだけです。面倒くさくても、機械を使い倒しましょう。

作業の面においても、できるだけ機械を頼ります。データ入力などでミスが起きやすいポイントは集中するものです。そういった部分から、極力「**手入力などの手作業を排除**」していきましょう。

Excelであれば、基本的には最大限数式が入力されている状態、また可能ならマクロなどを駆使して、なるべく「**人間が作業する余地がない状態**」をつくりあげることがポイントです。

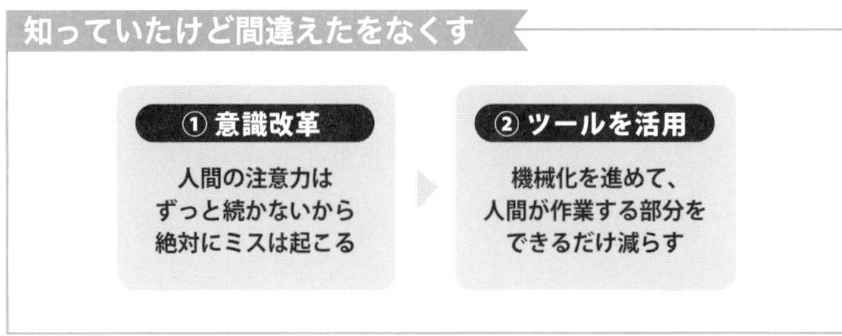

❷「知らなかったからミスった」はなぜ起こる？

こちらのパターンは、先ほどの「うっかりミス」とは根本的な原因が違います。この原因は大きく「**自分起因**」と「**組織起因**」の２つのタイプに分けられます。

自分起因の問題は「構造を理解する」ことで解決

自分起因というのは、**自分が作業対象に対して無知である**という意味です。無知であるがゆえに起きたミスと解釈できます。作業の手順は知っているけれど、「なぜこのやり方がうまくいくのか説明できない」タスクはありませんか？　うまくいっているからしっかりと調べる必要がない、よくわかんないけどなんとなくうまくいっているというものです。これは､かなり危険です。「**構造を理解する**」というステップを踏まないと、ミスの原因になりますし、何より影響範囲が大きなミスになりかけのミス予備軍も検知できません。

また、構造を理解してタスクを遂行することで、効率化できる個所が見つかるというメリットも得られます。たとえば同じタスクを分担している同僚が、こういった「なぜうまくいくかわからないけど決まった手順でやっている」という考えでタスクを処理している場合、そこは割と効率化の宝庫のようになっている可能性があります。これは副次的なメリットですが、とにかく、「**なんとなくうまくいっているタスク**」については、マニュアルを見るなり、人に聞くなりして、構造を理解してしまいましょう。

組織起因はコミュニケーションミスが原因

もうひとつの組織起因ですが、こちらは、いわゆる**コミュニケーションにおける伝達がうまくいっていないことが原因で起きるミス**です。

これは､「事実」と「解釈」をごっちゃにして話す組織の場合､「**伝えたはずなのに**」「**こう聞いていたのに**」という、ちょっとしたズレからミスが起きてしまいます。この問題に対しては、特に引き継ぎの場面などで、２人が見ている目線がそろっているか、描いている絵が同じものかを逐次確認しながら、引き継ぎ作業を進めていきましょう。専門用語が飛び交うような職場の場合、特に気をつけてください。

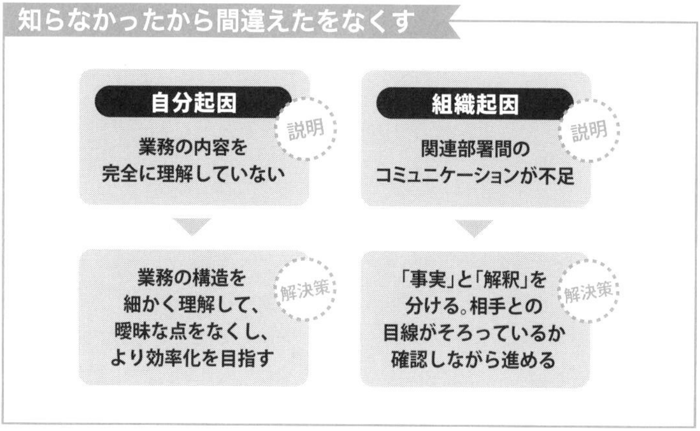

知らなかったから間違えたをなくす

自分起因	組織起因
説明：業務の内容を完全に理解していない	説明：関連部署間のコミュニケーションが不足
解決策：業務の構造を細かく理解して、曖昧な点をなくし、より効率化を目指す	解決策：「事実」と「解釈」を分ける。相手との目線がそろっているか確認しながら進める

ある程度仕組み化したり、自分の知識レベルを棚卸したり、コミュニケーションのやり方に気をつけてみるだけで、結果は変わる。

MANAGE

「上司❶」フィードバックサイクルを回す

上司の時間を奪ってはいけないと思っている

上司は使い倒すべきだと思っている

仕事が遅い人は「自分だけで」仕事をする

ここでは仕事をするうえで、意識して行動するだけであなたの仕事のスピードが速くなる方法論をお話しします。**仕事においては、かけた時間・労力そのものよりも、具体的な成果が重要**です。ここでいう成果とは、仕事のクオリティもそうですし、仕事のスピードも含まれます。

時間が有限な中で、いかに速く仕事をこなすかという価値観は、今後の日本においてますます重要性が高まっていくはずです。

では、仕事が遅い人の特徴・共通点はどこにあるのでしょうか？

要因はいろいろありますが、「**自分だけで仕事を完了させようとしている**」のが最大のポイントです。与えられたタスクに対して、自分ひとりで課題の発見から解決法の立案、そして、その案に関する資料作成から説明の準備までやってしまうことです。こういうと、「自分に与えられたタスクは自分でやるべきなんじゃないの？」と思うかもしれません。

たしかに、責任を持って自身の仕事を完遂させるという振る舞いは称賛されるべきです。でも**本当に仕事が早い人になりたいなら、周囲の人を使い倒しましょう**。それが、ここでのメインメッセージ、つまり仕事を早くする秘訣でもあります。

仮説を立てるところからスタートする

イメージしやすいように仮定のタスクを想像しながら考えてみましょう。

「自社商品Aの売上低迷に対する改善策」を考える必要がある

場合、あなたはどのように動くでしょうか。

いきなり上司に「何からはじめれば良いでしょうか」と聞くのは、当然ダメです。主体性もないですし、自分の部下がこのように言ってきたら、あなたも「こいつはダメだな」と思いますよね。

まずは、**自分で一定の仮説を持って計画を立てる**ことからはじめるようにします。

たとえば、次のように考えるのではないでしょうか？

手を動かす間に上司に仮説をぶつけよう

計画ができたら、次は実際に手を動かすフェーズです。

ここが、仕事が遅い人と仕事が速い人の分岐点になります。仕事が遅い人は何をするかというと、計画に基づいて手を動かしはじめます。この例の場合なら、どのような検証方法があるかのリストアップをはじめるわけですが、これはあまりイケてないです。

仕事が速い人はどう動くのかというと、**あらかたの計画ができた段階で、計画や構想、持っている仮説を上司にぶつけます**。つまりあなたが何を考え、どう動こうとしているかを説明します。

この時点だけを切り取ると、仕事が遅い人のケース、「すぐに手を動かす」のほうが速く作業は進んでいるのですが、リストアップよりも先に検証すべきことが存在したり、そもそも持っている仮説のピントがずれている場合は、手を動かすパターンでは、結構長い時間を無駄にしてしまいます。

一方後者はここで修正ができます。もちろん持っていた仮説があっていて、行動の方向性も問題なければ「OK」だけで終わるので、別に時間を無駄にしたというレベルのものでもありません。

仕事が遅い人と速い人の差

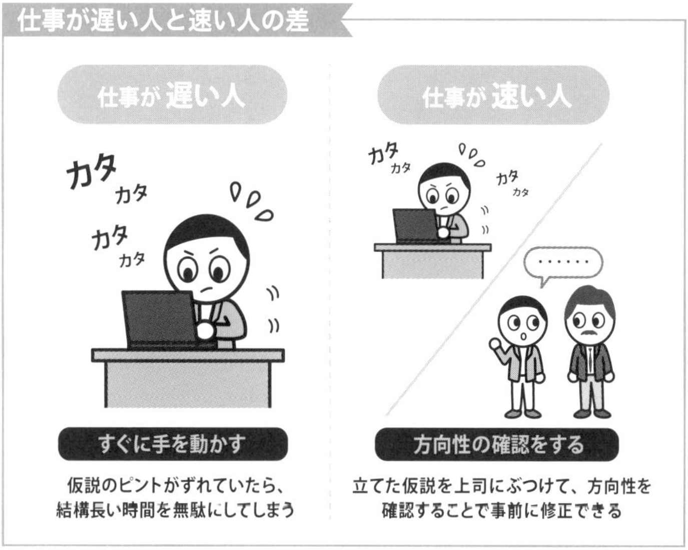

仕事が遅い人	仕事が速い人
すぐに手を動かす	**方向性の確認をする**
仮説のピントがずれていたら、結構長い時間を無駄にしてしまう	立てた仮説を上司にぶつけて、方向性を確認することで事前に修正できる

これは、作業に着手するときにかぎった話ではありません。タスクを進めていくと、悩むポイントや明確に壁にぶつかるポイントはあるものです。その都度、自分で仮説を立てて、上司にぶつけましょう。**方向性があっているか確認し、間違っていたら修正をする**、これで良いのです。このとき、「**自分で仮説を立てて**」というポイントは、絶対に忘れないようにしてください。

ただし、上司の意向だけを聞く作業ロボットになるのは絶対にやめましょう。自分のアイデアをブラッシュアップする、**上司と一緒につくりあげて良いものにする**という発想でぶつけるようにしましょう。

「上司の時間を奪ってしまう……」という不安がある人は、目の前の利害関係に視点がいってしまっています。中長期的な、そして広い視野を持って考えれば、「**結果的に失敗ルートを長い時間歩いてしまった**」となることが最も避けるべきことだとわかるはずです。最大のリスクを避けるための行動だと認識し、思い切って上司に仮説をぶつけにいきましょう。

細かな相談は上司のストレスも軽減できる

こういった動きは、上司に対して進捗報告をできるというメリットもあります。上司の立場に立つと、1番嫌な状態は「何をしているかわからない」状態です。

ここは人によるかもしれませんが、個人的には**「部下が失敗する」よりも「部下の状況を把握できていない」ことのほうが、ストレスがかかる**状態でもあります。

自分の案の方向性が正しいかどうかを確認していれば、上司は「あなたが今何に取り組んでいるのか」「そして、自分と認識のあった方向性に動いている」ことを知ることができます。つまり、ちゃんとした上司なら、あなたのこういった動きに対して、「だるいな」といった感情を持つことはあり得ないので、安心してぶつかりましょう。

MANAGE

「上司②」デキない上司にあたったらチャンス

デキない上司にあたると絶望する ×

デキない上司にあたるとチャンスだと考える ○

サラリーマンが逃れられない「上司ガチャ」

組織で働いていると、「人事異動」は必ずあなたの前に訪れます。自分が異動するだけでなく、上司が異動して自分の上につくこともあります。そんな「上司ガチャ」ではずれを引いた場合、つまり「デキない上司」にあたったときに、どのように動けば良いのでしょうか。

あなたは「デキない上司」にぶちあたったことはありますか？私は、あります。できない、とひと言にいっても、いろいろな「できない」があります。「意思決定をしない、するとしても遅い」とか、「マネジメント能力が皆無で部が崩壊している」とか、「部下に信頼されていない、部下を信用しない」などです。この手の上司はよくいます。

こういった上司にあたってしまったら、あなたならどう思いますか？

おそらく「うわぁ最悪だ」とネガティブな感情を抱いてしまいますよね。でもそういった局面に出会ったら、「めちゃくちゃチャンス」と捉えましょう。なぜチャンスなのか、どのように動くことが正しいのか、見ていきます。

上司は部下が救い、使い倒すもの

まず、あなたが超新人なら別ですが、**基本的に上司は救うものだと考えましょう**。救ったうえで、使い倒します。これは、上から目線でコミュニケーションをするというようなものでは、もちろんありません。具体的に「救う」というのは、**上司の長所、短所を見抜いて、適切な形で補助する**といったものです。礼節は持つべきですが、この「救う」という視点は非常に重要です。

イメージがわくように、具体例を見ていきます。上司がなかなかの発言力、プレゼン力の持ち主で、一方で細かいデータや数字的な部分が弱いという場合、そこを補助しにいきましょう。上司がプレゼンする場に持っていく資料作成をするなら、定量的に説得力のある数値を集めたり、プレゼンのストーリーのいたるところに「数字に訴える」場面を入れてしまいます。

もちろん、プレゼン前には上司にインプットすることが重要です。「なぜこの数値を使うのか」「こういう数値が出た場合はなぜこのようなことがいえるのか」などです。ここだけ見ると上司をバカにしているように見えるかもしれませんが、これはあくまで「数字に弱い上司の場合」です。

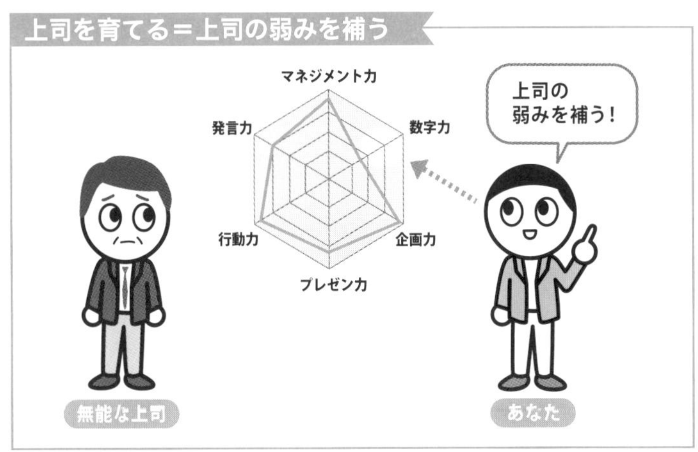

逆に、数字には強いが思い切りがない、他部署との折衝で負けやすい上司の場合は、先ほどのような定量的な材料を集めるといった「上司ができること」よりも、「何を伝えなければいけないか」「なぜ伝えなければいけないか」といった、案件の緊急度や重要度をインプットすることで上司に「強く言わないといけない」というマインドセットに変えてもらいましょう。

もちろん、**どのような場合においても、礼節は必要**です。「あなたはこれができないのでこうしてみました」とか、「あなたが苦手なココは準備しておきました」と言ったら、ただの地雷です。そこはうまくオブラートに包みつつ、準備し伝えましょう。

有能上司の場合はどうすべきか

では、完璧な上司が来てしまった場合はどうすれば良いのでしょうか。それは、「**完璧な上司が求めるものを探して実行する**」です。

実はこの「求めるものを与える」という意味では、先ほどの2つの例で挙げた弱点を持つ上司の場合と考え方は一緒です。先ほどの例では、「求めるもの＝弱点を補うもの」と捉えた結果、補助をしているにすぎませんでした。完璧な上司の場合は、**求めるものをとっさに見分け、そこにコミット**していきましょう。

たとえば、「自分なりの切り口」などがお勧めです。「完璧な人」は、その完璧さゆえに、成功体験を多くしてきており、バイアスがかかってしまっている可能性があります。新しいアイデアというと少しハードルが高く感じますが、「自分たちの年代ではこれが流行っているので、こういう視点で見てみるのはいかがでしょうか」とか、「私たちだとこれは理解できますが、案外初心者だとここでつまずきそうじゃないですか？」など、新しいアイデアになるかもしれないエッセンスを提供してあげると、上司の中では「自分が持っていない視点で意見を言ってくれる」という風に映ります。

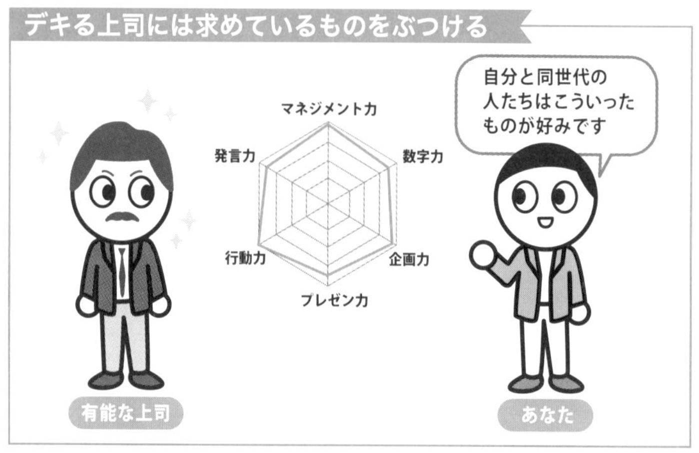

上司を救うことで加速度的に成長できる

ここまで、どのように上司と向きあうかというお話しをしてきましたが、ここからは、なぜ「上司ができない」ケースを運が良いと捉えるのか、お話ししていきます。

それは結果的に**自分の裁量が大きくなり、加速度的に成長できるから**です。まず、できない上司を持つと、あなたが評価をされるようになります。なぜかというと、このような動きをしていると、上司は「**あなたがいないといけない**」という状態になるからです。そして、そのような評価を受け続けると、自動的に裁量が大きくなります。つまり、あなたに任せられる範囲が大きくなるということです。

「任せられる範囲が大きくなる」と聞くと、少し不安に思うかもしれませんが、多面的に上司を評価し、そこを補うという経験を積み重ねたあなたであれば、この難所もクリアできます。自然にスキルや経験が身についているからです。

また、任せられる量、ここでは金額などを目安としますが、量が大きいと、責任も伴って大きくなります。場合によっては、部下を持ちマネジメントサイド側に回るかもしれません。そうすることで、これまでに見えていなかった課題にぶちあたったり、経験からは解決できない問題に頭を悩ませることもあるかもしれません。

しかし、それはいってしまえば「**成長機会**」でしかありません。「成長機会」とかいうと意識高い系に見えてしまいそうですが、実際に、人は経験で成長します。やったことがない経験のほうがその成長度あいが大きいことはあたりまえです。苦しいとは思いますが、ぜひがむしゃらに、とはいってもしっかりと頭を使ってクリアしていきましょう。

この章は１番
難易度が高かったと
感じる人が多いと
思います!!
逆に言うと、
身につければ
希少価値の高い
スキルということ!!

Chapter

7

本書を血肉化し、勝つ人材へ

WIN

「仕事ができる人材」なんてほとんどいない

本書に書かれてあることを実行できる人はひと握り

お疲れ様でした！　本書を逆引き的に使用した人も、最初からすべてを網羅的に読了した人も、物語のように何となく読めてしまうものでもなく、脳みそに一定の負荷がかかりながら読み進んだのではないでしょうか。

「難しいなあ」「案外簡単だな」など、感想は多々あるかと思いますが、難しいと感じた人も安心してください。**本書に書かれているようなことをしっかりと定着させ実行できる人間は、かぎりなく少ない**です。

私は今、エリートが集まるとされる外資系の金融機関で働いていますが、周囲を見ても、本書に書かれたことをできていない人がそれなりの数います。本当の話です。ですから、本書を手に取った人は、ぜひ、自分の血肉にしてください。ライバルがそんな状態なのであれば、あなたは一気に付加価値の高い人材になれるはずです。

難しいと感じた部分も、**自分の中で「なぜ？」を繰り返し、本質を理解するように努め、実行に移せば見えてくる**ものもあります。「あ！　こういうことか」というタイミングが必ず訪れるはずです。

「仕事ができる」をつくることは、案外難しいものではありません。

付加価値を生む成功体験を積み重ねる

そのためにも、ぜひあなたの職場で、あなたの仕事で、「**付加価値を生む経験**」というものを積み重ねてみてください。何か壁にぶつかったときに、「**仮説思考を使ってみよう**」と考えてみたり、プレゼンが控えている場合は「**聞き手のことを解像度高く想像しよう**」と考えたりと、活かせるシーンは多いはずです。

私がいくら本書で「大事！」といっても、あなたがこれから体験する「これだ！」に勝るインパクトを与えることはできません。

ぜひ、本書を通勤カバンの中に入れて、辞書のように使い倒してみてください。

本書のダメな使い方・うまい使い方

付加価値を生む経験を積み重ねる。

WIN

「知識」ノウハウコレクターに価値はない

「持っている知識が豊富」というレベルから抜け出そう

本書の中では何度かお伝えしましたが、「意識高い系あるある」でもある**「持っている知識の量を自慢する」**というフェーズは、いち早く抜け出しましょう。ノウハウコレクターには、本質的な価値はありません。価値があったとしてもかなり小さなものです。

また、その価値は今後、毀損していきます。これは考えてみれば当然の話で、「ググればわかる」からです。情報の量、網羅性、正確性のような「これから目覚ましく発展する（人間が太刀打ちできない）領域」で戦うことは、得策ではありません。

労働マーケットでのあなたの価値を決めるのは需給バランスです（Chapter0）。AIやコンピュータなどの強敵がその力をどんどん伸ばしている真っ赤っかなレッドオーシャンで戦う必要はありません。もっと本質的な思考力で、やつらが苦手とする分野を攻めていきましょう。

言葉ではなく、結果で差をつけよう

少し話がそれましたが、持っている知識を自慢したくなったときは、**「言葉など価値なし、結果こそすべて」**と唱えるようにしましょう。しっかりと数字で実績を残している人は、自慢なんかしなくても勝手に良い噂が回ります。

別に良い噂を流してもらうためにがんばるわけではないでしょうが、「自慢をしたいとき」というのはそういったものを求めている傾向があるので、先ほどの呪文で自分を制しましょう。

WIN

「実践」明日から実践することが突き抜ける人材の第一歩目になる

実践、実践、実践

はい、ということで本書はここで終わりとなります。ハック大学ぺその人生初めての書籍、いかがでしたでしょうか。

本書を手に取っていただいたあなたには感謝してもしきれませんが、1点だけ気になっています。それは、何度もお伝えしてきた**「ノウハウコレクター」になってしまわないかどうか**です。

とりあえず役に立ちそうということで本書を購入したものの、パラパラ読んで知識だけ増え､特に働き方が変わるわけでもなく、当然市場価値も大きく変動しない､そのようにならないためにも、あなたにはぜひ実践してほしいと思います。

もちろん本書の内容を一気に、というのは頭が忙しくて疲れてしまうと思うので、1つひとつ、着実に実践し、あなたの血肉に変わることを祈っています。私自身本書でえらそうに語ってきましたが、社会人1年目からこれらができていたはずもなく、1つひとつ、「実践」の中で成功・失敗を繰り返して身につけてきました。あなたも同じです。今はできていないことであっても、実践を繰り返してそこから学ぶ姿勢を忘れなければ、みるみる成長していくはずです。

労働マーケットのどこかであったときは、ぜひお茶でも行きましょう。そこで、市場価値について熱く語りあいましょう。顔も名前も出してはいませんが、YouTubeに唯一出している「声」を手掛かりにお声がけください。

いつの日か労働マーケットでお会いしたら語りあおう。

おわりに

ここまでお読みいただきありがとうございました。

書籍の名前に「最強」とつけようと決まったときは幾ばくかの緊張感はありましたが、少しでもあなたのキャリアに役立つ内容があったのであれば幸いです。

私の YouTube チャンネル「ハック大学」をご覧の人はご存じかと思いますが、本書は当初の販売日から２度遅延をしています。新型コロナウイルスの影響も少なからずあったのですが、遅延の決断を下した背景として１番大きかったのが、「書籍としてのクオリティを上げる」というものでした。

普段チャンネルで仕事術をえらそうに語っておきながら、遅延を繰り返したことについてここでもお詫びをさせてください。申し訳ございませんでした。

ですがその結果、「よしこれは良い本ができあがった！」と積みあがった積み木を崩しては改良し、また崩しては改良し、ということを繰り返してくることができました。今は最終的な校正作業中ですが、良いものができあがっているという自信があります。

あなたの仕事に役立つというのがメインの目的ではありますが、仕事で困っている同僚や後輩へのプレゼントに使っていただけるような書籍に育ってくれると、著者の私としてはこんなにうれしいことはありません。

最後になりますが謝辞を。

本書籍の企画および編集に携わっていただいたソシム株式会社の片柳社長、編集部の皆様につきましては、「クオリティ向上」という答えのない課題に対して何度も議論をしていただき、感謝申しあげます。

また本書籍を形にしてくださった印刷所の方々、そして読者のみなさまに1冊でも多くお届けするためにコンセプトを説明して全国を回っていただいた販売部の方々、また、本書籍を丁寧に陳列してくださった書店様にも、あわせて感謝申しあげます。

そして何より、本書を実際に手に取ってくださったあなた、私の日々の情報発信活動はあなたに見ていただけるからこそ続けることができているものです。誠にありがとうございます。

この本がひとりでも多くの読者のキャリアをいいものにできますように！

カバー＋本文デザイン：清水佳子
イラスト：佐とうわこ
DTP：嶺岡涼

行動が結果を変える

ハック大学式 最強の仕事術

2021年1月5日初版第1刷発行
2022年1月8日初版第6刷発行

著者　ハック大学 ぺそ
発行人　片柳秀夫
編集人　福田清峰
発行　ソシム株式会社
https://www.socym.co.jp/
〒101-0064 東京都千代田区神田猿楽町1-5-15 猿楽町SSビル
TEL：(03) 5217-2400（代表）
FAX：(03) 5217-2420

印刷・製本　シナノ印刷株式会社

定価はカバーに表示してあります。
落丁・乱丁は弊社編集部までお送りください。
送料弊社負担にてお取替えいたします。
ISBN 978-4-8026-1260-9